Scipio Africanus:
Greater
Than
Napoleon

大西庇阿：

胜过拿破仑

著

[英] 李德・哈特 (Basil H.Liddell Hart)

译

杨 楠

上海人民出版社

DÉFAITE DE SCIPION PRÈS DU TÉSIN.
An de Rome 534.

18 世纪波兰画家奥古斯丁·米里斯(Augustyn Mirys)的铜版画,描绘了提基努斯河战役中西庇阿英勇救父的场面。

法国画家尼古拉·普桑(Nicolas Poussin)的《西庇阿的节制》(*The Continence of Scipio*，1640)，描绘了攻取卡塔赫纳后西庇阿拒绝美丽女俘、将她送回到未婚夫身边。

意大利画家乔凡尼·巴蒂斯塔·提埃波罗(Giovanni Battista Tiepolo)的《西庇阿释放马西瓦》(*Scipio Africanus Freeing Massiva*，1719—1721)。

英国画家托马斯·拉尔夫·斯彭斯(Thomas Ralph Spence)的《阿基米德指挥叙拉古防御工事》(*Archimedes Directing the Defenses of Syracuse*，1895)，描绘了这次围城战。

威尼斯画家詹巴蒂斯塔·皮托尼（Giambattista Pittoni）的《索芙妮斯芭之死》（*The Death of Sophonis-ba*，1716—1720）。

荷兰画家科内利斯·科尔特(Cornelis Cort)的《扎马战役》(*The Battle of Zama*，1567)。

刻有马其顿国王腓力五世头像的二德拉克马银币。

塞琉古国王安条克三世的胸像,现藏于卢浮宫。

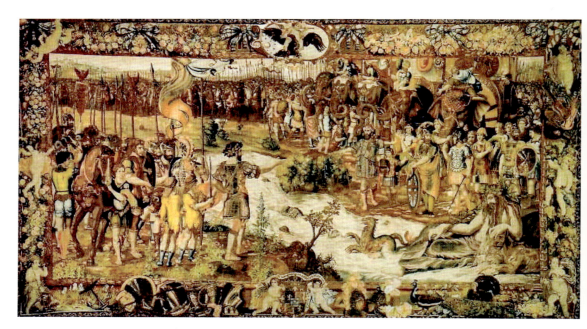

17 世纪的佛兰德挂毯,描绘了西庇阿与汉尼拔在扎马战役前的会面。

维也纳美泉宫的费边雕像，由雕刻家约翰·巴普蒂斯特·哈格瑙尔(Johann Baptist Hagenauer)大约于 1777 年完成。

上图　第二次布匿战争时期铸造的罗马青铜币，正面为战神玛尔斯，反面为罗马骑兵，头戴马鬃盔缨的头盔，身披斗篷，装备有长矛和小圆盾。

左图　卡比托利欧山上的朱庇特神庙地基，神庙在公元前83年的内战中被焚毁，之后经历了数次重建。

O FORMOSVM SPECTACVLVM.

31.

17 世纪佛兰德画家雅各布·内夫斯(Jacob Neefs)的铜版画,描绘了西庇阿的凯旋式。

瑞士画家安吉莉卡·考夫曼(Angelika Kauffmann)的《格拉古兄弟之母科尔内利娅》(*Cornelia*，*Mother of the Gracchi*，1785)。

贝罗纳神庙的矮墙遗迹。

第二次布匿战争时期的伊比利亚战士浅浮雕。

刻有马西尼萨或其子米西普萨头像的努米底亚硬币。

布匿人时代的迦太基城复原图。

卡普阿出土的汉尼拔大理石胸像。

被认为是加图的大理石胸像。

非洲征服者普布利乌斯·科尔内利乌斯·西庇阿。

献给剑桥大学基督圣体学院院长、院士和学者

目 录 CONTENTS

序　言

　　我写这本书的由头是西庇阿没有新近的传记；第一本也是最后一本英文传记出现在 1817 年，是一位乡村牧师的作品，他竟然没有对西庇阿的军人身份进行任何研究！我写这本书的原因是，除了西庇阿人格魅力的浪漫传说和作为罗马的世界霸权奠基者的政治重要性之外，他的军旅生涯对现代的战争研究者来说，比历史上任何伟大名将都更有价值。这样的断言未免有些冒失，但我希望它的真实性会在后文中得到证实。

　　对于战术方法研究来说，拿破仑或者 1870 年的战役，甚至是 1914 年至 1918 年的战役，都和公元前 3 世纪的那些战役一样死气沉沉。但用兵之道是不会过时的，而正是因为西庇阿在战役中的谋略——其中很多至今依然可行——比历史上的任何指挥官都要丰富，所以这些战役对军人来说，堪称一堂永不过时的示范课。

　　从战略上讲，西庇阿还要更“现代”。当前是一个幻灭的时代，我们认识到，屠杀并非胜利的同义词，“在战场上摧毁敌人的主要武装力量”充其量只是达到目的的手段，而不是像克劳塞维茨那些愚钝的传道者用来自欺的那样，是目的本身——不幸的是，他们也欺骗了世人。在未来，我们甚至比过去更需要研究和理解军事、经济和政治力量的相互作用，它们在战略上密不可分。因为西庇阿比任何伟大名将都更了解这些力量，并能在他的战略中将其结合运用，尽管他有一个非常"现代"的劣势，即他的身份是共和国的公仆——而不是像亚历山大、腓特烈、拿破仑那样的专制君主——所以对他生平的研究在当下尤为应景。最重要的是，因为他所有的规划，无论是政治、战略还是战术上的，瞄准的都是精神上的目标。

我由衷地感谢剑桥大学基督圣体学院（Corpus Christi College，Cambridge）院士杰弗里·巴特勒爵士（Geoffrey Butler，K. B. E.，M.P.）；剑桥大学圣约翰学院（St John's College，Cambridge）院士W.E.海特兰（W. E. Heitland，M. A.）先生；以及伦敦女王学院（Queen's College，London）讲师 E. G. 霍克（E. G. Hawke，M. A.）先生，感谢他们好心校对并提出有益的意见。

李德·哈特

绪　论

　　失败之路即为成名之路——后人对世界上最伟大人物的评价，显然已经形成了这样的定论。比起亘古不变地钉在天穹之上的恒星那遥远的光芒，还是流星的闪光更能激起人类的遐想。莫非是那最终撞向地球的俯冲，那归于凡尘的世外光辉，通过有形或有限的证据，将一种更具人情味的吸引力赋予了流星？人杰亦如是，倘若最终的陨落带有一种戏剧性，那么关于这场轰轰烈烈的失败的记忆，就会让持久的成功黯然失色。再者，也可能是他的人生已然完满，以至于这场惨败成了他个人的高光，更加清晰地烘托出他的功业，而对那未尝败绩的人却构成了一块垫脚石，可以让其他人走得更远，他也以此将自己的名声与后继者的名声融为一体。

　　这种理论至少在实践中得到了充分证实。拿破仑和李（Lee）被无数戏剧、小说和回忆录铭记。威灵顿（Wellington）和格兰特（Grant）让他们的国家安然渡过危险、取得胜利，却几乎被这些国家的作者遗忘得一干二净。甚至是林肯，也可能只是被一名刺客的子弹从相对的被遗忘状态中拯救了出来，而纳尔逊则是在胜利时刻死去，用一场让人感慨万千的悲剧摆脱了圆满收场的耻辱。这样看来，一个世纪以后，鲁登道夫之名很可能会作为欧战的英雄人物被万人称颂，而福煦的名字则会湮没无闻；这种拔高战败者的趋势已有迹象。

　　要想流芳百世，一名实干家必须诉诸情感，不能只诉诸理智；既然在世之人本身再也无法燃起后人的情感，那么最终的失败就必须要有戏剧性的人情味。这个道理似乎在人为成就的大多数支系中都是成立的。斯科特（Scott）为到达南极点而进行的英勇却徒然的尝试活在了世人的记忆中，而阿蒙森（Amundsen）和皮里（Peary）成功的冒险却在渐渐褪色。在体育界，多兰多（Dorando）的马拉松让人永远无法忘怀；但是在普通民众中，又有几人能回想起实际胜利者海斯（Hayes）的名字，或者后来任何一位马拉松冠军的名字呢？

　　对于这种非理性的感性判断，将其归咎于现代新闻业已然成为一种风气，然而哪怕是对历史最低限度的审视，也足以表明它的起源早在很久很久以前。事实上，对于这种以持久的成就为代价来美化戏剧性失败的永恒趋势，主要责任在于历史学家——凭他们所受的训练和所持的观点，他们恰恰是所有人中最应当信任理性的。古代的历史证实了现代世界的历史，而其中最显著的例子莫过于这部简论的主题——西庇阿·阿非利加努斯。这部论著试图把知识学问和军事理解的砝码进一步拨向西庇阿这边，以此恢复“历史的”平衡，而非采取贬低竞争对手的常规做法。急于拔高汉尼拔名声的历史学家们已经逐渐地、一点一点地催生出了对西庇阿的轻视。这种现象更不合理，也更不可原谅，因为并不存在大量相互矛盾的史料和同时代人观点，可以作为研究与判断基础的可靠材料，实际上仅限于波利比乌斯和李维的作品，以及少许其他的、公认不那么可信的古代权威之作。而在这两个人中，较早的波利比乌斯与他所记载的事件几乎属于同一时代，他是西庇阿的忠诚下属盖乌斯·莱利乌斯（Gaius Lælius）的朋友，可以从此人那里得到第一手的证言和判断。他可以充分利用西庇阿家族的档案进行研究，还曾在许多参加过战斗的人员依然在世之时去过实际的战场。因此,他获得了几乎是独一无二的基础,可以在此之上形成自己的判断。

此外,作为一个希腊人,相比于李维,他的观点中罗马人那种爱国主义偏见的嫌疑要小一些,而现代历史批评界也一致称赞他的公正性、研究的透彻性和批评洞见的正确性。

波利比乌斯作出的判断很清楚,他所记载的事实更是如此。

诚然,后世的罗马人对西庇阿的评价不尽相同;但波利比乌斯对个中缘由的解释是如此令人信服,关于西庇阿战略和战术规划的已知事实也证明了这些缘由的真实性,以至于现代作家没有任何借口将古人因迷信而归为神助的成就视为运气所致。"他几乎是有史以来最有名的人,这一事实使每个人都渴望了解他是什么样的人,又是怎样的天赋和培养使他能够完成如此之多的壮举。但无人能够避免误入歧途、对他产生错误印象,因为那些将对他的看法向我们讲述的人,他们的判断与事实出入很大。""……他们把他描绘成一个受运气眷顾的人……在他们看来,这样的人比那些总是凭算计行事的人更神圣,更值得敬佩。他们不知道,后一种人才是值得称赞的,前一种人只配得上祝贺,在普通人当中是很常见的,然而只有拥有健全的判断力和心智能力的人才值得称赞,我们应当认为这种人才是最神圣、最受神明喜爱的人。在我看来,西庇阿的品性和原则很像拉刻代蒙的立法者吕库古(Lycurgus)。因为我们既不能认为吕库古是在迷信的影响下、完全受皮媞亚(Pythia)怂恿而起草了斯巴达

西庇阿

的宪法，也不能认为西庇阿是听从了梦境和预兆的启示，为他的祖国赢得了这样一个帝国。但由于他们两人都明白，大多数人既不容易接受任何不熟悉的东西，也不愿意在没有希望得到神助的情况下去冒巨大的风险，因此，吕库古援引皮媞亚的神谕来支持属于他本人的计划，使得自己的方案更容易被接受和相信，而西庇阿也同样向部下灌输了这样一种信念，即他的计划来自神启，从而使他们更加乐观，也更愿意面对冒险事业。但他始终凭算计和远见行事，他计划的胜果总是符合理性预期，这两点将是显而易见的。"

在今人看来，这样的解释不仅在本质上是可能的，而且还提供了一把了解这个人的钥匙，他的胜利，无论是在军事、政治还是外交上，首先是由于他对人类心理的超绝洞察力。此外，他还像大管弦乐队的指挥家一样，利用这种天赋制造出了一种世界性的和声。在指挥决策方面，从战争到和平，他确实得到了一组恰好符合音乐定义的协和音程："一种组合……珠圆玉润，在这个体系中的来源与归途都合乎逻辑，由此营造出一种和谐的听感。"然而，作为人类管弦乐队的指挥，他有两个弱点，一个是与生俱来的，一个是随着时间不断发展的。他无法领会低音——即人类所能堕落到的狭隘、卑劣的境地——而他凌驾于人类之上的力量所产生的精神的激越，又使他无法听到这组不协和音程最初的警告，它终将损毁这首离圆满只差一点点的辉煌交响曲。

第一章　半亮

　　普布利乌斯·科尔内利乌斯·西庇阿出生于罗马建城的第 517 年,即公元前 235 年。他虽然是最显赫、最古老的氏族之一科尔内利乌斯氏族(Cornelii)的成员,但他的早年和教育经历未见史册,甚至没有一件趣闻轶事流传下来。事实上,直到他二十四岁时,由于形势需要和自告奋勇这两方面的原因,被选定在西班牙指挥军队时,历史才让我们充分领略了他的进步,而不再是浮光掠影。然而,尽管他的登场为数不多,也都很短暂,但每一次都很有意义。第一次是在提基努斯河(Ticinus)战役中,这是汉尼拔继著名的翻越阿尔卑斯山的壮举之后,在意大利本土与罗马军队的第一场遭遇战。在这里,年仅十七岁的少年西庇阿随同身为罗马指挥官的父亲出征。如果说他最初的战斗经历是打了一场败仗,那么他至少以令人羡慕的功勋崭露了头角。用波利比乌斯的话来讲述这个故事吧:"他的父亲让他统率一队精锐骑兵(在一个小山丘上预备)以确保他的安全;但当他看到父亲在战斗中被敌人包围,只有两三名骑兵护卫,伤势危重时,他起初极力催促身边的人前往救援,但当他们因敌军人数众多而畏葸不前时,据说他孤身一人不顾一切、英勇无畏地冲向了包围其父的敌军。于是剩下的人也只好攻了上去,敌人被吓得魂飞魄散、溃不成军,普布利乌斯·西庇阿就这样出乎意料地得救了，他第一个向儿子敬礼，因为他救了自己一命。"据说执政官下令将一顶槲叶环授予自己的儿子，却被他拒绝了，他说"这个行动本身就是对它的嘉奖"。这项功劳确实要归功于年轻的西庇阿的英勇，但结果正如波利比乌斯所强调的那样，还是要更多地归功于他对人心的洞察。"他通过这次立功，赢得了公认的英勇名声，往后的日子里，当祖国把取胜的希望寄托在他身上时，如果没有充分的理由，他会避免将自己暴露在危险中——这种行为不是一个依靠运气的指挥官而是一个富有智慧的指挥官的特征。"

DÉFAITE DE SCIPION PRÈS DU TÉSIN.
An de Rome 534.

18 世纪波兰画家奥古斯丁·米里斯（Augustyn Mirys）的铜版画，描绘了提基努斯河战役中西庇阿英勇救父的场面。

　　这一点对亲身经历过战争的我们这一代人，可能比对纸上谈兵的历史学家更有说服力。对前者来说，那些渴望率领一个排、不顾自己分内的指挥职责而投入战斗的高级指挥官，并不是平民眼中的英雄或是鼓舞人心的人物。对于一些并非天生就喜欢危险本身的人——天生爱危险的在任何军队中都是很罕见的——来说，这一点也会触动他们的记忆，让他们回想起自己如何通过这样一项功绩在精神上镇住部下，此后便能够采取防范措施保护自己的人身安全，其实这样的做法更适合被他人托付性命的军官。国内的平民对在后方"率领"部下的德国军官嗤之以鼻；而作战士兵则不然，因为他知道，情况需要的话，被当成"敌人"的军官会毫不犹豫地冒险，甚至牺牲自己的生命，以身作则。骑在一匹白马上率领一个敢死队的德国军官的故事仍在流传。

这项功绩以及它所带来的巨大声望，为西庇阿的军旅生涯开了一个好头，让他得到了飞速的晋升。因为不到两年，即公元前216年，李维的记载中说他是军政官之一，军团指挥官便是从军政官中任命的，而这个职位本身也使他成为军团指挥官的副手或参谋之一。横向比较的话，现代最接近该职位的是上校参谋。

西庇阿第二次出场是在坎尼（Cannæ）会战之后，那是罗马的至暗时刻，而奇怪的是，这位像马尔博罗（Marlborough）一样战无不胜的未来将军，在作为下属的日子里竟然见证了这场阴魂不散的灾难。西庇阿在这场战役中的参与情况并没有任何记载，但李维的记述似乎可以很清楚地表明，他是逃到了奥非都斯河（River Aufidus）对岸罗马大营的一万名幸存者之一，更进一步说，是在夜幕降临后离开营地、躲过迦太基骑兵、进入卡流苏门（Canusium）而没有和同伴一起投降的四千名勇士之一。他们的处境依然危险，因为这里离敌军只有大约四英里，而汉尼拔为何没有乘胜追击这支孤立无援的残军，仍是一个历史之谜，显然也是他将才的一个污点。

与逃往卡流苏门的四千人一起的，有四位军政官，按照李维的说法，"众人一致同意将最高指挥权授予当时还很年轻的普布利乌斯·西庇阿和阿庇乌斯·克劳狄乌斯（Appius Claudius）"。西庇阿再一次在战败的黑暗中闪耀；灾难再一次为这名有品格的青年带来了机遇。军队很有可能瓦解，即使还不至于哗变。有消息称，人们说罗马注定要灭亡，以路奇乌斯·凯基利乌斯·梅特卢斯（Lucius Cæcilius Metellus）为首的某些年轻贵族，正打算让罗马听天由命，自己逃到海外去为某位外国君主效力。近来接二连三的噩运使聚集在一起的将领们惊慌失措。但当其他人强烈要求召开会议、商议当前局势时，西庇阿采取了行动。他宣称"这个问题不适合商议；在这样一场灾难中，需要的是勇气和行动，而不是商议。那些希望保全国家的人，会立即抄起武器与他同行；没有任何地方比考虑起这种计划的地方更像是真正的敌营"。然后，他只带了几名同伴，直奔梅特卢斯住处，让正在开会的阴谋者们大吃一惊。西庇阿拔剑出鞘，宣示了他的决心："我发誓，我既不会抛弃罗马的事业，也不会允许其他任何罗马公民抛弃它。如果我存心违反这句誓言，愿朱庇特将我的房产、家人和财富置于万劫不复之境。我强烈要求您，路奇乌斯·凯基利乌斯，以及在座的其他人，也立下同样的誓言；如有异议，尽管面对我这把剑吧。"结果，"他们吓坏了，仿佛面对的是胜利者汉尼拔，全都发了誓，并服从西庇阿的监管"。

危机平息了，西庇阿和阿庇乌斯听说幸存的执政官瓦罗（Varro）已经到了维努西亚（Venusia），便派了一名信使过去，表示听命于他。

西庇阿在历史舞台上的下一次短暂登场是在另一个场景中。他的兄长[1]路奇乌斯是市政官[2]候选人，而作为弟弟的普布利乌斯

---

[1]　关于西庇阿兄弟的长幼问题，此处遵循原文，译为"兄长"，后面原文未作明确说明时则译为兄弟。据波利比乌斯记载，普布利乌斯与兄长路奇乌斯双双当选市政官，然而这件事的真实性很低，普遍不被采信。学界通常认为普布利乌斯更年长。在李维的记载中，普布利乌斯是在年龄不够的情况下与另外一人共同当选市政官的，路奇乌斯并未被提及。——译者注

[2]　正常情况下，市政官是通往更高政务官之梯的第一阶。它的职能相当于市民的"内政部"——城市养护与法规条例的执行、对市场以及价格与度量衡的监管、公共赛事的管理与组织。

"很长一段时间里都没有斗胆去和兄长一样竞选市政官。但是在选举临近时，他通过民意判断兄长当选机会渺茫，并且看出自己非常受欢迎，于是他得出结论，兄长要想实现目标，唯一的办法就是他们达成协议，两人都去尝试，于是他想出了如下计划。他看到母亲为了兄长去各种神庙祭神，而且对结果非常担心，于是他告诉她，事实上他做过两次同样的梦。他梦见自己和兄长双双当选市政官，从古罗马广场（Forum）往家走时，她在门口迎上了他们，兴奋地拥抱和亲吻了他们。她身为女人，难免会受到影响，惊呼'但愿我能看到那一天'，或者类似的话。'那么，母亲您想要我们去试试吗？'他说。她同意了，因为她做梦也想不到他敢这样做，只当是一个随随便便的玩笑——因为他实在太年轻了——于是他请求她马上为他准备一件候选人习惯穿在身上的白色托加。她已经把说过的话忘得一干二净，而西庇阿一直等到把这件白色托加拿到手，趁母亲还在睡觉时出现在了古罗马广场。由于这一幕出乎所有人的意料，也由于他之前便已深受欢迎，惊讶的人们热情地迎接了他；后来，当他走到候选人的指定位置，站在兄长身边时，他们不仅把这个官职授予了普布利乌斯，也看在他的面子上授予了他的兄长，两人都以当选市政官的身份回到了家。当这个消息突然传到他母亲的耳朵里时，她欣喜若狂，在门口迎上了他们，深情拥抱两个年轻人，于是在这种情况下，所有听说过这些梦境的人都相信，普布利乌斯不仅能在睡梦中与神交流，更能在现实中和白天里与神交流"。

"现在看来，这根本不是梦的问题；而是由于他为人亲切、豪爽，讲话也讨人喜欢，他靠的是自己在民众间的声望，因此，他巧妙地使自己的行动顺应民众和母亲的真情实感，不仅达到了目的，还被认为是在某种神启之下采取行动的。因为那些无法正确审视机遇、原因和人心所向之人，会把凭借敏锐的洞察力、利用算计和远见所成就之事归因于神明和时运。"

　　对某些人来说，欺骗，即使是为了高尚的目的，似乎也与罗马人的优秀品德格格不入；在身为罗马人的李维看来，这个巧计并不像在希腊人波利比乌斯眼里那般值得钦佩，他对西庇阿这种习惯的由来感到疑惑，这种习惯在他之后的生涯中因为成功或者实践而发扬光大。以下是李维的评价："西庇阿无疑是天赋异禀之人；但除此之外，他也从小就学习了有效展示这些天赋的门道。不知是他本身的性格就有那么一点迷信，还是为了确保他的命令拥有一种神示的威严，总之他在公开场合讲话时，很少不自称受到了托梦，或者是听取了神意。"李维可能对这个频率有所夸大，因为他写作的时代较晚，而围绕伟人的特质产生的传说只会越传越玄乎。这种以神意自诩的做法，在西庇阿被记录下来的话语中只是偶尔出现，而他作为操纵人性的顶级大师，定会明白将这种办法保留到关键时刻的重要性。

　　李维继续写道："为了在这方面给公众舆论留下深刻印象，他从成年的那一天起就养成了一种习惯，如果不先去一趟卡比托利欧山上的朱庇特神庙，就决不从事任何公事或私事。在那里，他会进入内殿，度过一段时间，通常是独自一人，远离人烟。这种习惯……使人们相信他拥有人类以外的血统，这种信念传播得很广，可能是出于偶然，也可能是设计好的。曾经有一个关于亚历山大大帝的传说广为流传，说他的父亲是一条巨蛇，经常出现在他母亲的房间里，但一有人过来就会立刻消失。人们又把这件奇事安在了西庇阿身上……但他本人从未对此嗤之以鼻；事实上，他所采取的方针是既不完全否认这样的故事，也不公开称其为真，这反而增强了人们对这件事的认可。"顺便说一句，这最后一个故事被好几位古代作家重述过，并被载入《失乐园》（Paradise Lost），弥尔顿在这部作品中写道：——

前者和奥林匹阿斯，后者和

生下罗马英雄西庇阿的女人。[1]

　　像这样自称受到神启也是有宗教基础的，而不仅仅是基于他的头脑，这种观点可以从西庇阿在公元前 190 年的叙利亚战争中的行为得到一些支撑，当时，由于他是玛尔斯祭司团、也就是所谓的塞利祭司团（Salian priests）的一员，所以落在了军队后面，间接导致军队在赫勒斯滂（Hellespont）等他，因为按照规定，他必须留在原地，直到这个月结束。

　　再者，现代心理学家可能会认为他的梦是真实的，而非捏造的，这便是所谓的强烈欲望在梦中实现的力量。无论对他这些"异象"的来源作何解释，他将这些异象转化为实际应用的本领都是毋庸置疑的。而他运用这种力量纯粹是为了增进祖国的利益，从来都不是为了自己，这已经是对西庇阿道德品行的至高赞美了。日后，当麻烦和指责开始针对他，当一个忘恩负义的祖国忘记了它的救世主时，西庇阿没有援引任何神圣异象来为自己辩护。他如此克制，表达的意思更明确，也更意味深长，因为他用其他的心理手段，表明自己仍然是人性这台乐器上登峰造极的"风琴师"。

　　西庇阿当选市政官具有历史意义，不仅因为这件事照亮了他的成功和对人的影响力的来源，也因为它解释了他的政治生涯走向没落的原因，他从一个忘恩负义的国家自我放逐，这个国家目睹他光辉灿烂的职业生涯在阴影中结束。李维表示，他的当选并非像波利比

---

　　[1]　出自《失乐园》第九卷，此处采用朱维之译本。奥林匹阿斯（Olympias）为亚历山大大帝之母。——译者注

乌斯所记载的那样未遭任何反对；平民保民官反对他参选，因为他没有达到候选人资格的法定年龄。对此，西庇阿反驳说"如果市民们普遍希望任命我为市政官，就说明我的年龄已经足够了"——这种绕开保民官、诉诸人民的做法立刻取得了成功，但未免有些嚣张，没把传统和规矩放在眼里；小小年纪便取得成功，本就必然会遭人嫉妒，而这种做法很可能让嫉妒之外更生怨恨。

第二章　黎明

　　上面三个片段构成了西庇阿的职业生涯这场正戏的序幕。序幕在公元前 210 年拉开,这一年就算不是罗马与迦太基这场生死搏斗中最黑暗的时刻,至少也是最灰暗的时刻。这场最初始于公元前 264 年的冲突,是罗马将政治天才与军事力量相结合、赢得意大利半岛霸权的必然结果,因为只要一个异族的海上强国——迦太基——控制着意大利半岛的海域,便会对半岛的沿海地区和商业构成持续威胁,这种霸权也就永远得不到。历尽艰险之后,公元前 241 年第一次布匿战争的结束终于使罗马获得了海上的安全,但在那之后,哈米尔卡·巴卡(Hamilcar Barca)的远见卓识和雄心壮志不仅再度复苏,还扩大了罗马与迦太基之争的范围,把它变成了一场以成为世界强国抑或就此走向没落为赌注的斗争。在表面和平的漫长间隔期,这位迦太基俾斯麦为了将罗马势力一举击垮,作好了精神和物质上的准备,他教育自己的几个儿子和追随者们把征服罗马作为目标,并把西班牙用作巴卡家族战争学校的练兵场,以及他们即将进行的军事行动的基地。公元前 218 年,汉尼拔翻越阿尔卑斯山,开始入侵意大利,收获父亲播下的种子所结出的成果。他在提基努斯河、特雷比亚河(Trebia)、特拉西梅诺湖(Trasimene Lake)三战三捷,胜利的规模也越来越大，直到在坎尼战场达到巅峰。即使罗马人的坚韧、意大利大多数盟友的忠诚和汉尼拔当时在战略上的谨慎为罗马赢得了喘息之机，经过这兵连祸结的五年，她的资源也已经耗尽，盟友也筋疲力竭，以至于到了公元前211年，罗马势力就算表面上看不出来，内里也或许比以往任何时候都更接近崩溃。一台状态良好的新机器可以经受住反反复复的剧烈冲撞，但是当磨损严重时，可能一阵颠簸就足以让它报废。这阵颠簸如期而至，汉尼拔正在意大利南部征战，歼灭罗马军队，即使看上去并没有接近他的目标——摧毁罗马势力——而就在这时，西班牙的迦太基军队取得的一场胜利，却威胁到了罗马在伊比利亚半岛上的立足之地。

几年来，西庇阿的父亲老普布利乌斯（Publius the elder）和伯父格奈乌斯（Gnæus）一直在那里指挥罗马军队，屡战屡胜，直到分兵作战的两兄弟相继战败，双双战死沙场。溃不成军的罗马军队残部被赶到了埃布罗河（Ebro）以北，只因马尔西乌斯（Marcius）英勇地重整军队，才让罗马人没被赶出西班牙。即便如此，他们的处境也还是岌岌可危，因为西班牙的很多部族在罗马人落难之时抛弃了他们。尽管罗马本身的决心一如从前，完全没有动摇，这场灾难也只会刺激她夺回失地，但到头来继任者的人选却成了难题。最终决定召开一次人民大会，选出一位派去西班牙的代执政官。但没有候选人愿意为这个危险的荣誉自告奋勇。"选举当天，一筹莫展的人们来到了战神广场（Campus Martius），转身面对政务官，打量着这些达官贵人的脸色，而他们也都严肃地注视着彼此，唉声叹气地嘟哝着，说事态是如此的惨不忍睹，共和国的状况是如此的危急，以至于没有一个人敢于承担西班牙的统帅职责。突然，在西班牙阵亡的那位普布利乌斯之子、年约二十四岁的普布利乌斯·科尔内利乌斯宣布自己参选，并在一个所有人都能看到的高处站定"（李维）。他以全票当选，不仅是每个百人团都投了赞成票，而且是在场的每一个人都投了赞成票。"但是当事情定了下来，他们的热情和冲动消退了之后，随之而来的是一阵突然的沉默，人们在心里偷偷反省刚才都做了些什么——他们是否因偏心而未能作出更好的判断。他们主要是对他的年轻感到遗憾；但也有一些人对降临在他的家族和名字上的命运感到惶恐，因为当他所属的这两家人都在哀悼时，他却要去那样一个地方，在那里，他必须在父亲和伯父的葬身之地继续作战。"

西庇阿认识到了这些顾虑与怀疑有多么普遍，他试图通过召开一次集会来抵消这些想法，会上，他精辟的论证在很大程度上恢复了人们的信心。对于一个如此年轻的人来说，他对群众心理的掌控力非同寻常，尤其是在危急时刻，而这种掌控力的秘诀就是他内心深处的自信，这种自信会散发出一种影响力，相比之下，他那些神启的故事只不过是锦上添花。自信是一个常被用作贬义的词语，但西庇阿的自信不仅被结果证明是有理有据的，还有着本质上的不同，它是一种精神的激越，被奥卢斯·格利乌斯（Aulus Gellius）概括为"conscientia sui subnixus"——"能够自持的自我意识"。

在西班牙军队残部的基础上又增加了一万步兵和一千骑兵，西庇阿带领这支增援部队，随一支由三十艘五桨座战船组成的舰队从台伯河（Tiber）河口起航。他沿热那亚湾（Gulf of Genoa）、里维埃拉（Riviera）海岸和利翁湾（Gulf of Lions）航行，让他的军队在刚好进入西班牙地界的地方登陆，然后从陆路向塔拉科（Tarraco）——今塔拉戈纳（Tarragona）——行军。他在塔拉科接待了西班牙各个盟友的使者。从他最初的举措中，便能看出他深谙士气因素和亲身观察的重要性，而这正是将才中的两项关键要素。敌军驻扎在冬营地，而他在试图制定任何计划之前，先访问了盟友们的国家和他自己军队的各处驻地，始终在尝试重燃他们的信心，消除过往的失利对他们的影响,甚至更多是通过自己的态度而不是言语。最能反映他自身道德境界的,莫过于他对待马尔西乌斯的态度,此人从大灾大难中挽回了罗马的部分损失,因此,一位野心勃勃的将军完全有可能将其视为与自己争夺地位和名声的对手。但"他一直和马尔西乌斯在一起,对他非常敬重,很明显,他完全不怕被任何人抢去风头"。拿破仑对莫罗(Moreau)的嫉妒,他故意让自己手下的元帅们相形见绌的做法,都与西庇阿的态度形成了鲜明对比,对西庇阿来说,军事生涯中最美妙的一种礼赞,就是手下将领们对他恒久不渝的爱戴。俗话说,"仆从目中无英雄",很少有将军是他们的参谋长眼里的英雄,他们被权威和公众声誉粉饰过的品质,私下里可是被这些人看得清清楚楚。只要有这个必要,忠诚的下属便会为了军队的利益而维护将军毫无过错的假象,但他们知晓这个人的真面目,真相总会在往后的日子里泄露出去。所以我们不要忘了,波利比乌斯的判断是建立在与盖乌斯·莱利乌斯的直接对话基础上的,后者是西庇阿的副手,也是西庇阿在作战之前交代军事计划的对象。

他没有责备那些承受战败苦果的士兵,而是巧妙地唤起了他们的理性和士气,他提醒他们,在罗马历史上,前期的失败往往预示着最终的胜利,天平确实已经开始倾斜,最初的大灾大难也已经被抵消了,在意大利和西西里,一切都在往好的方向发展。他继而指出,迦太基人的胜利并不是由于他们英勇过人,而是"由于凯尔特伊比利亚人的背叛和我军的轻率,将军们信任与那个民族的同盟关系,所以选择了分兵"。接下来,他展示了原本属于他们的劣势是如何转移到对方那里的,迦太基军队的"营地之间都离得很远",他们做事缺乏分寸,暴虐无道,让盟友疏远了他们,最重要的是,敌军指挥官之间已生嫌隙,这会让他们迟迟不肯增援彼此。最后,他通过触动他们对殉国将领的爱戴来点燃他们的热情:"我很快就会实现的,现在你们可以看到我与父亲和伯父在相貌、神情和体态上的相似之处，我也会原样复刻他们的才华、荣誉和勇气，你们每个人都会说，他的指挥官西庇阿不是复活了，就是重生了。"

他的第一步是恢复并巩固自己的部队和盟友们的信心，他的下一步则是打击敌人的信心，不是打击他们的肉体，而是打击他们精神上的阿喀琉斯之踵。在那个战略才刚刚从战术中独立出来的年代，他凭借敏锐的战略洞察力，意识到西班牙才是整个战局真正的关键。西班牙是汉尼拔真正的作战基地；他在那里练兵，从那里寻求援军。

西庇阿的第一个动作是将他对士气目标的理解运用在西班牙战场之内。当其他人力劝他去攻击迦太基军队中的一支时，他却决定攻打他们的基地，那是他们的生命线。首先，他把所有部队集中在一处，留下一支由三千步兵和三百骑兵组成的小而精的分遣队，交由马尔库斯·西拉努斯（Marcus Silanus）统率，守住他自己的重要作战中枢——塔拉科。然后，他率领剩下的全部两万五千步兵和两千五百骑兵——这才是真正的战力节约——渡过了埃布罗河，"没有向任何人透露他的计划"。"事实上，他早已决定，自己公开宣称过的那些事情一概不做，要做的是出其不意地包围"新迦太基（New Carthage）——今卡塔赫纳（Cartagena）。为此，"他向舰队指挥官盖乌斯·莱利乌斯发出了航向新迦太基的密令，后者是唯一知晓这个计划的人，而他自己则率领陆军向着新迦太基急行军"。正如波利比乌斯洞若观火般地强调的那样，这个年轻人的特点就是深思熟虑，因为"他先是接手了一个被大多数人断定为回天乏术的局面……其次，在处理这个局面时，他撇开了那些在任何人看来都再明显不过的措施，设计并决定了一条无论敌友都料想不到的路线"。"到达西班牙后，他……向每一个人打听敌情，得知迦太基军队分为三支，"马戈（Mago）在赫拉克勒斯之柱附近，也就是直布罗陀（Gibraltar）；吉斯戈（Gisco）之子哈斯德鲁巴（Hasdrubal）在塔古斯河（Tagus）河口附近；而哈斯德鲁巴·巴卡（Hasdrubal Barca）正在围攻西班牙中部离现在的马德里不远的一座城市。他们到新迦太基都要行军十天以上；而他自己是可以通过七天的强行军到达那里的，正如结果所证明的那样。他发动进攻的消息肯定需要几天时间才能传到他们那里，如果他能通过出其不意的奇袭夺取它，就可以抢在对方的任何援助之前，"即使失败了，他也可以将自己的部队部署在安全的位置，因为制海权掌握在他手上"。波利比乌斯还告诉我们，"那个冬天，他对熟悉这座城市的人进行了详细的问询"。"他了解到，在西班牙的各个城市中，几乎仅此一家拥有可以容纳一支舰队和海军的港口，它也是迦太基人从非洲直接渡海而来的落脚点。之后他又得知，迦太基人把他们的大部分钱财和军用物资都存放在这座城市，还有来自西班牙各地的人质；最重要的一点是，驻守城堡的只有大约一千名训练有素的士兵，因为人们做梦也不会想到，当迦太基人几乎主宰了整个西班牙时，竟然有人想要围攻这座城市，而城中剩下的人口虽然数量庞大，却都是些完全没有任何军事经验的工匠、商人和水手。他认为如果自己突然出现在这座城市面前，以上因素会对这座城市不利"——又是对士气的盘算。"因此，他放弃了其他所有的计划，把在冬营地度过的时间用来为这件事情做准备，"却"把这个计划向盖乌斯·莱利乌斯以外的所有人隐瞒"。这段记载显示出，他还掌握了将才的另外两种特征——对自己的意图保密直到为了执行计划而必须公开的能力，以及认识到军事上的成功在很大程度上取决于前期准备是否充分的智慧。

波利比乌斯断言西庇阿的招数要归功于神机妙算，而不是神启或运气，这一点在他提到自己亲眼所见的一封西庇阿的信中得到了间接证实，也在李维引用的西庇阿在进攻前对部下的讲话中得到了直接证实。有一句话可以概括这种战略思想："你们确实是要攻击一座城市的城墙，但你们将在那座城市主宰整个西班牙。"他还确切地解释了如何将俘虏的人质、财富和军需物资转化为自身的优势和敌人在精神、经济和物质上的劣势。即使李维的这句话是为了符合西庇阿的实际行动而杜撰的，其口吻也完全符合西庇阿的行动，以至于听起来还比较像真的。

第三章　　攻取卡塔赫纳

从开始行军算起的第七天，西庇阿到达城前并安营扎寨，舰队也同时抵达海港，从而切断了这座城市各个方向的交通。这个海港呈圆瓶形，瓶口几乎被一座小岛堵住，而卡塔赫纳本身就像是一支粘在瓶底的蜡烛，这座城市屹立在一块从大陆凸出来的狭窄岩岬上。这个小半岛的情况与直布罗陀极为相似，而将它与大陆连接在一起的地峡只有大约四百码宽。这座城市两面临海，西面是一个潟湖。这是个棘手的问题，似乎除了封锁之外，无论采取任何行动都无法攻破，而这唯一的办法，时间上又不允许。

西庇阿的第一步是在他的营地外侧用一道栅栏和从一侧海岸延伸到另一侧的双壕沟进行防御，以确保他的战术安全。在面向地峡的内侧，他没有设置任何防御工事，一方面是因为有地形保护，另一方面是为了不妨碍他的突击部队自由移动。迦太基指挥官马戈把最强健的两千名市民武装起来与他对抗，把他们安置在面向陆地的城门处，以待出击。他分配剩下的市民去竭尽所能守卫城墙，又把自己正规军中的五百人部署在半岛顶端的城堡里，把另外五百人部署在东边的高地上。

次日，西庇阿的战船包围了这座城市，源源不断地向它抛掷投射武器,大约在第三时[1],他派出精挑细选的两千人扛着云梯、沿着地峡前往攻城,因为地峡太窄,无法部署更多的兵力。他深知,如果遭到岿然不动的守军反击,他们逼仄的阵地会成为劣势,于是他进行了机智的谋划,要将这个劣势转化为自身的优势。西庇阿刚一吹响进攻的号角,对方便如他所料出击了,随后便是一场势均力敌的搏斗。"但双方得到的支援并不对等,迦太基人是通过单独一座城门、从较远的地方赶来的,罗马人则是从近处的好几个地点赶来的,因此这场战斗是不对等的。因为西庇阿特意把他的人马部署在离营地很近的地方,以便尽可能地把敌人引到远处"(李维说罗马的先头部队奉命撤退了,由预备部队顶上),"他很清楚,如果他消灭了那些所谓的居民中的精锐力量,就会让居民普遍陷入沮丧,城里的人就再也不敢出城了"(波利比乌斯)。这最后一点对他的决定性行动的自由度至关重要。

通过将预备队相继投入战斗这一妙策,迦太基人的攻击先是被拦阻,之后又在混乱中被赶了回去,罗马人的追击步步紧逼,非常迅速,差一点就能跟在溃兵后面挤进城里了。即便如此,能够绝对安稳地架起云梯,但城墙的巨大高度阻碍了攀爬的士兵,这一波攻击被击退了。波利比乌斯对这位罗马指挥官在这一阶段的描绘,显示了他是如何将个人的影响力和控制力与避免贸然将自己暴露在敌人面前的职责相结合的:"西庇阿参加了战斗,但也尽可能地考虑到了自己的安全,他身边有三个持大盾的人,将盾牌紧紧地贴在一起,在面向城墙的一侧掩护他,以这种方式保护他免遭来自城墙方面的攻击。""……这样一来,他既可以将战场情况尽收眼底,又能被他的所有部下看到,让这些作战人员产生高昂的斗志。结果就是交战中必须要

---

[1] 罗马人的白天从日出开始。

做的事情没有任何疏漏,然而一旦形势需要他采取某种措施,他就立即着手去做必要之事。"

在现代战争中,对决定性结果最不利的,莫过于指挥官个人观察力和控制力的缺位。从现代科学的角度来看,西庇阿的做法或许指出了一条恢复这种影响力的途径。也许在将来,指挥官会乘坐一架飞机飞翔在高空,在战斗机巡逻队的保护下,通过无线电话与他的参谋取得联络。

西庇阿已经实现了他的第一个目标,那就是消耗守军,将迦太基人出击、对他的计划造成进一步干扰的可能性扼杀掉。通往接下来的决定性行动的道路就这样铺设完成了。为了开展这一行动,他只要等潮水退去,而这个计划他早在塔拉科时就已经想出来了,在那里,他从熟悉卡塔赫纳的渔民口中打听到,在低水位时,潟湖是可以涉水而过的。

为了这个计划,他在潟湖岸边集结了五百名携带云梯的士兵,同时也为身处地峡的部队增派了人手和云梯,足以确保在下一次直接攻击中"整面城墙都会被云梯覆盖"——这是现代战术准则的一个早期例子,即"固定"攻击应当在尽可能宽阔的战线上进行,以便吸引敌人的注意力,防止对方调转枪口去别处应对决定性打击。他发动这次攻击的同时,舰队也发动了登陆突击,当攻击进入白热化阶段时,"潮水开始退去,湖水也渐渐从潟湖的边缘退去,一股强劲、幽深的水流通过水道,流入毗邻的海域,对那些不熟悉这种场面的人来说,这似乎是很不可思议的一件事。但西庇阿已经让向导们就位,并命令所有被派去执行这项任务的人踏入水中,不要畏惧。他确实拥有一种特别的才能,当他号召部下时,能够激发他们的信心和共鸣。此时,当他们服从他的命令,跑过浅水区时,全军上下都深感这是某位神明的杰作……他们勇气倍增"(波利比乌斯)。关于这段插曲,李维说:"西庇阿把凭借自身的勤勉和洞察力而发现的这一现象归功于神迹,是神迹改变了海水的流向,使其从潟湖中退去,开辟出从未有人踏足的道路,为罗马人提供了一条通道,他命令他们跟随海神尼普顿的指引。"但有趣的是,他在利用这个主意的士气效应的同时,也实际利用了不那么神圣的向导。五百人不费吹灰之力便通过了潟湖,抵达了城墙脚下,没有受到任何阻力便登上了城墙,因为所有的守军"都正忙着支援城墙出现危险的那一边"。"罗马人一旦占领了城墙,首先便是沿着它前进,扫荡上面的敌人。"他们显然被灌输了这样一条原则,那就是渗透必须在加深之前迅速增宽——在 1914 年至 1918 年的那场战争中,我们在卢斯(Loos)等地经过惨痛的教训之后,方才学会这条原则。接着,他们向面向陆地、正面已经受到猛攻的城门集中,从身后奇袭守军,制服了他们的抵抗,为进攻的主力开辟了道路。城墙就这样被占领了,西庇阿马上便利用了他的胜果。因为当已经爬上城墙的大部队开始按照惯例屠城时,西庇阿自己却在小心翼翼地维持着从城门进来的部队的基本队形,并率领他们攻取城堡。城堡上的马戈"一看到城市毫无疑问已被攻陷",便投降了。

屠城纵然在现代观念中为人所不齿,却也是当时和之后好几个世纪里的常规惯例,对罗马人来说,这是一种着眼于士气因素的慎重之策,而不仅仅是残忍的屠杀。对作为敌方意志之所在的平民进行直接打击的做法,确实可以凭借飞机的潜力复兴,因为飞机可以像跳棋一样,跳过构成敌国之盾的武装"人员"。如果军事上可行的话,这种方针是合乎逻辑的,而在你死我活的斗争中,冷酷的逻辑通常会压倒更为人道的情感。

西庇阿的军纪可以通过这样一件事来证明,城堡投降后发出信号,屠杀便停止了,这时军队才开始掠夺。屠杀是一种军事手段,无论在现代人的思想观念中有多么十恶不赦，而这一行动的进行也并没有因个人获取战利品或"纪念品"的欲望而受阻——这种不守纪律的冲动甚至影响了我们近来的战斗。

此外，一旦最初的残忍无情实现了压制市民抵抗意志的目的后，西庇阿对被征服者的大度行为也算是对这场屠杀作出了一定程度上的弥补，即便只是外交策略。在一万名男性俘虏中，他释放了所有的新迦太基市民，并归还了他们的财产。他宣布两千名工匠归罗马所有，但承诺如果他们"拿出各自的手艺，表现得积极配合、勤劳肯干"，便会在战争结束后获得自由。他从剩下的人里挑选出一些人上船工作，这样就可以为俘获的船只配备人手，扩充自己的舰队；这些人也得到了将在最终击败迦太基之后获得自由的承诺。甚至对马戈和其他的迦太基将领，他也表现出了胜利者的骑士风度，命令莱利乌斯对他们多加关照，直到后来他们在后者的看管下作为胜利的实质性证据被送往罗马，这场胜利将会重振罗马人的精神，让他们加倍努力地支持他。最终，他通过对西班牙人质的仁慈为自己赢得了新的盟友，因为他没有把他们作为不情愿的担保人扣留下来，而是把他们送回了各自的国家。

李维和波利比乌斯都提到了两件事情，这两件事情突出了西庇阿的性格，也增进了他作为伟大征服者中最人道、眼光最长远之人的声誉。"当其中一名被俘的妇女、伊勒盖特人（Ilergetes）领袖安多巴勒斯（Andobales）的兄弟曼多尼乌斯（Mandonius）之妻匍匐在他的脚下，流着泪恳求他对待她们能够比迦太基人考虑得更妥当时，他很感动，问她你们有什么需要……她没有回答，于是他把派去照管妇女的官员们叫来。他们到场了，并向他保证，在他们的照管下，妇女们需要的东西一应俱全、非常充裕，此时她再度哀求，西庇阿愈加困惑，以为是官员们玩忽职守，现在又信口雌黄，他叫这名妇女打起精神来，说他会亲自指派其他随从，保证让她们什么都不缺。妇人迟疑了一下，说：'将军，如果您认为我们现在求的是食物，那么您误会了。'西庇阿这才明白她的意思，并且注意到安多巴勒斯和其他贵族之女的青春美貌，他认识到她如何寥寥几句便向他指出了她们所面临的危险，不禁潸然泪下。这回他向她表明，自己已经明白了，并握着她的手，叫她和其余的人打起精神来，因为他会把她们当成自己的姐妹和孩子来照顾，还会指派信得过的人去照料她们"（波利比乌斯）。

　　至于第二件事，波利比乌斯是这样讲述的："一些年轻的罗马人遇到了一个国色天香的女孩，他们知道西庇阿喜欢女人，就把她带到他面前……说他们想把这个姑娘送给他。他对她的美貌惊为天人，却对他们说，站在个人的立场，没有比这更可心的礼物了，但身为将军，这样的礼物是最难收受的……因此，他向这些年轻人表示感谢，却叫来了女孩的父亲，把她交给他，当即吩咐他把她嫁给他最青睐的市民，无论是谁。西庇阿在这种场合表现出来的克己和节制，为他赢得了部下的盛赞。"李维的记述把这件事展开来讲了，说她之前已经被许配给了一个年轻的凯尔特伊比利亚酋长，此人名叫阿卢修斯（Allucius），爱她爱得死去活来；西庇阿听说后，便叫来阿卢修斯，把她交给了他；当他的父母[1]把谢礼硬塞给西庇阿时，西庇阿又把这些东西送给了阿卢修斯，当成自己送出去的嫁妆。这个友善又讨巧的举动不仅让西班牙各地的部落对他交口称赞，还为他赢得了更具实际意义的援军，因为没过几天，阿卢修斯便带领一千四百名骑兵再次出现，加入了西庇阿的阵营。

---

　　[1]　原文如此。但结合语境来看，此处应为女方父母。——译者注

法国画家尼古拉·普桑（Nicolas Poussin）的《西庇阿的节制》（*The Continence of Scipio*，1640），描绘了攻取卡塔赫纳后西庇阿拒绝美丽女俘、将她送回到未婚夫身边。

　　和自己的部下在一起时，他那结合了慷慨与智慧的治军方式也同样值得注意。战利品按照罗马人的习惯被严格地分配，确保所有的战利品都被集中起来；而且由于他事先早已很聪明地利用各种妙招来激励他们，所以此时他便体会到了对所取得的功绩予以赞扬和特殊奖励所带来的精神价值。他的更高明之处在于，他抓紧时间稳固了这场胜利，避免了难以预料的过失，或者是敌人的反击。他在攻占这座城市的当天就把军团带回了有壕沟防卫的营地，只留莱利乌斯和水兵守城。接着，休息了一天之后，他开始了一套军事操练，以保持军队的状态。第一天，士兵们要穿着盔甲跑单程3.5英里的一个来回，军团也要完成各种操练动作；第二天，他们要打磨、修理、检查武器装备；第三天，他们休息；第四天，他们进行武器训练，"他们中的一些人用包裹着皮革、剑尖上有一个小扣的木剑进行剑斗，另外一些人则练习投枪,标枪的尖上也有一个小扣";第五天,他们又将这一套从头来过,驻扎在卡塔赫纳期间还将继续进行下去。"桨手和水兵在风平浪静的时候出海,在模拟海战中试验船舶操纵。""将军巡视所有的作业,并予以同等的重视。他时而深入船坞,视察舰队,时而与军团一起操练;有时他会专心致志地视察工匠的作业,每天都有大量工匠在工场、军械库和船坞满怀渴望地进行作业"(李维)。

接着,当城墙修好后,他分出足够的兵力守城,自己带领陆军和舰队启程前往塔拉科。

这是在他指挥下的第一份辉煌战功,总结起来,首先要赞美的是他选择卡塔赫纳为目标时表现出来的战略眼光和判断力。那些将敌人的主要武装力量奉为首要目标的人,很容易忽视这样一个事实,即摧毁这些只是达到目的的手段,而这个目的是要征服敌人的意志。在很多情况下,这种手段是必需的——事实上是唯一安全的手段;但是在另外一些情况下,可能会出现对敌人的基地进行直接、安全的打击的机会,对于它的可能性和价值,西庇阿的这个妙招即为实例,值得研究战争的现代学者思考。

在战术领域,他也给我们上了一课,他将出其不意和保证安全这两项原则完美地融合在一起,首先是他如何确保每一次进攻行动不受可能的干扰或飞来横祸,其次是他如何在决定性机动之前和在此期间内把敌人"固定"住。对保有行动自由的敌人进行攻击,就要冒扑了个空、被打了个措手不及的风险。这是在赌运气,哪怕是最微不足道的霉运都有可能打乱整个计划。然而,在战争中,甚至在和平时期的演习中,指挥官们有多少次开始了表面上很出彩的机动,到头来却发现敌人已经从原定击败他们的地点溜走了,只因攻击者忽略了

"固定"的必要性。而固定加决定性机动的战术公式，说到底不过是我们国内的一句谚语，"先捕兔，后烹调"。然而说起来容易做起来难，西庇阿的众多优点中，很重要的一点就是他在执行这套公式时对时间因素的绝妙推算。

第四章　　巴埃库拉战役

　　控制了卡塔赫纳,西庇阿就取得了战略上的主动权,不过这与进攻完全是两码事。在他的人数依然明显处于劣势的情况下,攻击迦太基野战军就等于丢弃了这项优势,还会危及他已经取得的一切。另一方面,他掌握着迦太基人可能采取的任何行动的关键。如果有足够的驻军,卡塔赫纳本就易守难攻,当防守方掌握制海权时则更是如此,所以如果迦太基人为重新夺回卡塔赫纳而出兵,他就会以主要打击力量攻其侧翼。如果他们奔着他来,他就将拥有自己选择场地这项有利条件,此外,卡塔赫纳还将威胁到他们的后方,因为制海权掌握在他手中,他能够把部队转移过去。如果他们仍然按兵不动——事实证明,他们选择的正是这种不作为——那么他们就会因失去基地、军需库和与迦太基的主要交通线而陷入不利。对西庇阿来说,最合适的局面莫过于此,因为这段暂时的休息期让攻占卡塔赫纳所产生的精神效应深入到了西班牙人的心里,也让他有时间争取新的盟友,以抵消人数上的劣势。结果证明,他的算计完全正确,因为在接下来的冬天里,西班牙最强大的三位酋长埃德科(Edeco)、安多巴勒斯和曼多尼乌斯都归顺了他,伊比利亚的大多数部落也纷纷效仿。正如波利比乌斯所言,"赢得胜利的人比善用胜利的人多太多，"而西庇阿似乎比其他任何一位伟大将领都更能领会这样一个真理，那就是胜利的果实在于之后的和平年代——尽管我们有了凡尔赛的教训，但这个真理甚至到了今天也很少有人能够领悟。

结果，哈斯德鲁巴·巴卡面对军力平衡发生改变的情况，感到不得不采取攻势。军力已经得到强化的西庇阿很乐意接受这个挑战，因为这让他有机会在其他军队与之会合之前对付一支敌军。但他将安全原则牢记于心，还是进一步增强了兵力，以便应对被迫同时与不止一支军队交战的可能性。为此他采取了一个妙招，把塔拉科的船拖到岸上，把船员加进他的军队，这个方针是可行的，因为迦太基人的船已经从海上清除干净了，还因为他也要向内陆推进。他很有先见之明地利用了卡塔赫纳的工场资源，因此有充足的武器储备来武装这些船员。

当哈斯德鲁巴还在准备的时候，西庇阿动身了。在他向冬营地进发的路上，安多巴勒斯和曼多尼乌斯带领他们的部队与他会合，他也交还了他们的女儿，他显然是把她们留在了身边——因为她们至关重要——在卡塔赫纳抓到的其他人质则没有这样的待遇。次日，他与他们签订了一份协议，其中最重要的部分是他们必须追随罗马的指挥官们，并服从其命令。西庇阿显然深谙统一指挥的重要性。哈斯德鲁巴陈兵卡斯塔隆（Castalon）地区，靠近巴埃提斯河（Bœtis）、也就是现在的瓜达尔基维尔河（Guadalquiver）上游的城镇巴埃库拉（Bœcula）。随着罗马人的逼近，他把营地转移到了一个绝佳的防御阵地——一小块高地，有足够的纵深保证安全，也有足够的宽度来部署他的部队，侧翼难以接近，后面还有一条河流保护。此外，这块高地的构造分为两"阶"，哈斯德鲁巴把负责掩护的轻装部队、努米底亚骑兵和巴利阿里投石兵部署在较低的一阶，而在后面较高的山脊安营扎寨。

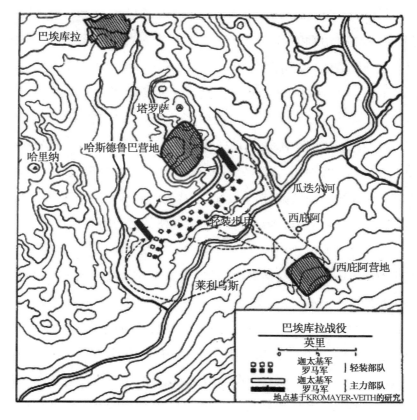

巴埃库拉

塔罗萨

哈斯德鲁巴营地

哈里纳

轻装步兵

瓜迭尔河

西庇阿

西庇阿营地

莱利乌斯

巴埃库拉战役
英里

迦太基军
罗马军 } 轻装部队

迦太基军
罗马军 } 主力部队

地点基于 KROMAYER-VEITH 的研究

　　西庇阿一时间不知该如何对付这样一个坚固的阵地，但他不敢耽搁，以免另外两支迦太基军队前来，于是他想出了一个计划。他派出轻装步兵和其他的轻装部队攀登敌军阵地的第一"阶"，尽管一路攀爬困难重重，标枪和石块如雨点般落下，但他们的决心和之前进行过的掩护训练，终于使他们爬上了山顶。一旦站稳脚跟，他们由于有更好的武器，并且接受过近身肉搏训练，在那些只接受过投掷训练的散兵面前便占了上风，还有足够的空间打一场追击战。就这样，迦太基的轻装部队乱作一团，被赶回了高处的山脊。

　　西庇阿已经让其余的军队做好了准备，但还留在营地内，"这时，他派出了全部的轻装部队，命令他们支援正面进攻，"同时，他把重装步兵一分为二，自己率领一半绕到敌军阵地的左翼，并派莱利乌斯率领另一半绕过山脊的另一侧，直到找到一条容易的攀登路线。西庇阿的人马绕路较短，率先爬上了山脊，没等迦太基人的侧翼部署妥当就攻了上去，因为哈斯德鲁巴依托地形优势，迟迟没有率领主力部队出营。迦太基人就这样在没有摆好阵形、还在调动时被困住了，方寸大乱，就在这阵混乱中，莱利乌斯突然杀出，向他们的另一翼发起了冲击。值得一提的是，李维的说法与波利比乌斯正好反过来，他说西庇阿率领左翼、莱利乌斯率领右翼，这种分歧显然是由于两人在考虑问题时一个站在进攻方的角度，一个站在防守方的角度。

波利比乌斯说，哈斯德鲁巴原本就打算如果兵败就撤退到高卢，在当地尽可能多地招兵买马，之后再到意大利与他的兄长汉尼拔会合。无论这是推测还是事实，总之哈斯德鲁巴刚一意识到战败，马上就带着钱财和战象匆匆离开了山丘，沿着塔古斯河向比利牛斯山方向撤退，其间尽可能多地聚集溃兵。但西庇阿的两面包围，以及他事先派出两支步兵大队堵住两条主要退路的先见之明，将迦太基军的主力一网打尽。八千人被杀，一万两千人被俘。西庇阿将非洲俘虏卖身为奴，却把西班牙俘虏送回了家，而且没有索要赎金，此举再次展现了他的政治智慧。

波利比乌斯说，"西庇阿认为追击哈斯德鲁巴并非明智之举，因为他担心受到其他将军的攻击，"在军事评论家看来，这个理由很有说服力。两支兵力占优的敌军能够合兵一处对付他，或者切断他与基地的联系，在这种情况下，再向内陆山区进逼，纯属有勇无谋。只要把这个军事问题如实陈述一遍，就足以回答以平民历史学家为主的那帮子人了，他们贬抑西庇阿，因为他把哈斯德鲁巴从西班牙放跑了，哈斯德鲁巴进入了意大利，试图与汉尼拔会师，只是时运不济，未能如愿。有趣的是，哈斯德鲁巴走的正是威灵顿在维多利亚（Vittoria）战役之后走的那条路线,他前往西班牙北部海岸,由现代的圣塞瓦斯蒂安(San Sebastian)和比利牛斯山朝向大海的缓坡处的西侧隘口翻过了这座山。

妄称西庇阿如果一直采取守势就能堵住这条通道,简直是无稽之谈,他的基地可是在东海岸。其他迦太基军队中的任何一支都可以牵制住他,让哈斯德鲁巴趁机从西边众多通道中的某一条溜走,再者,如果他试图调动军队穿过荒凉的山区,前往如此遥远的地方,那么他不仅会把自己的基地暴露出来,还会惹祸上身。如果没有西庇阿在巴埃库拉的攻势和胜利,哈斯德鲁巴本可以率大军进入高卢,少耽搁两年——这对迦太基人的事业极其致命——因为他需要在高卢征募和整顿军队,然后才能继续前进,所以被迫耽搁了。

巴埃库拉战役刚刚结束后的这段时期,与攻取卡塔赫纳之后一样,也包含了两件能够说明西庇阿品格的事。第一件事发生在西班牙的新老盟友都向他行国王之礼时。埃德科和安多巴勒斯在与他会合、一起出征时就已经这样做了,他当时也没怎么放在心上,但是当这个称号得到如此普遍的响应时,他采取行动了。他把他们召集到一起,"告诉他们,他希望被他们认为有王者风范,实际上也希望自己能有王者风范,但他不希望成为国王,也不希望被任何人这样称呼。语毕,他命令他们称他为凯旋将军[1]"(波利比乌斯)。李维用另一种说法叙述了这件事,又补充道,"甚至连野蛮人都能感觉到,可以站在如此高度藐视一个头衔的人有多么伟大,而这个头衔的威力足以震慑其他所有人"。这件事无疑最能清楚地表明西庇阿的精神状态,初尝胜利的喜悦时,这位年轻的征服者竟能保持如此的自制力和平稳的心态。抛开他的成就不谈,仅仅通过品格来衡量,西庇阿也有资

---

[1] 原文为 general,但这里的 general 并非指通常意义上的将军,而是对应着一个专有名词 imperator,它作为一种荣誉头衔,被用在某些战绩辉煌的指挥官身上。西庇阿是第一位被以此称呼的罗马将军。为体现这种区别,故将其译为"凯旋将军"。——译者注

格被视为罗马美德的至高化身,罗马的美德被希腊文化赋予了人性,拓宽了内涵,却抵挡住了后者的颓废倾向。

第二件事同样意义重大,无论是完全出于他所特有的能够感同身受的洞察力,还是出于他在外交上的远见,而这样的远见使他的前一种天赋对他的祖国产生了难以估量的价值。贩卖非洲俘虏的财务官见到了一个英俊的男孩,得知他有王室血统,便把他送到西庇阿那里。回答西庇阿的问题时,男孩说自己是努米底亚人,名叫马西瓦(Massiva),是和召集了一支骑兵队前来协助迦太基人的舅舅马西尼萨(Masinissa)一起来到西班牙的。舅舅认为他年纪太小,不能上战场,他不听话,"偷偷带上了一匹马和武器,瞒着舅舅上了战场,战场上,他的马摔倒了,他被甩了出去,成了俘虏"。西庇阿问他是否愿意回到马西尼萨身边,在他喜极而泣地同意后,西庇阿送给年轻人"一枚金戒指、一件有着紫色宽边的短衣、一件带金扣的西班牙斗篷和一匹装备了全套马饰的马,然后释放了他,命令一队骑兵把他护送到他想去的地方"。

意大利画家乔凡尼·巴蒂斯塔·提埃波罗(Giovanni Battista Tiepolo)的《西庇阿释放马西瓦》(*Scipio Africanus Freeing Massiva*,1719—1721)。

而后,西庇阿又退回到基地,在夏天的剩余时间里,他一直在利用这场胜利的影响,与西班牙的大多数国家结为同盟。他没有追击哈斯德鲁巴是明智之举,证据就是巴埃库拉战役之后没过几天,吉斯戈之子哈斯德鲁巴和马戈就赶来与哈斯德鲁巴·巴卡会师了。他们来得太迟,已经无法挽救后者的败局,却促成了一次决定未来计划的讨论会。他们意识到,西庇阿已经凭借其外交手腕和胜利赢得了几乎整个西班牙的支持,于是他们决定,马戈要把他的部队转交给哈斯德鲁巴·巴卡,自己去巴利阿里群岛招募新的辅助部队;哈斯德鲁巴·巴卡要在他的西班牙残兵逃走之前尽快进入高卢,然后向意大利进军;吉斯戈之子哈斯德鲁巴要撤退到卢西塔尼亚(Lusitania)最偏远的地方,靠近加的斯(Gades)——今 Cadiz——只有在那里,迦太基人才有望得到西班牙人的援助。最后是率领三千骑兵的马西尼萨,他的任务就是四处游走,目标是袭扰和蹂躏罗马人及其西班牙盟友的土地。

　　这些年发生的事情有些难以确定时间顺序,但巴埃库拉的胜利似乎发生在公元前 208 年。次年,西庇阿对这一地区的控制再次受到威胁。一位新的将军汉诺(Hanno)带着一支新的军队从迦太基赶来,接替哈斯德鲁巴·巴卡。马戈也从巴利阿里群岛回来了,在包括今阿拉贡(Arragon)和旧卡斯蒂利亚(Old Castile)部分地区的凯尔特伊比利亚(Celtiberia)武装了从当地征募的兵员后,便与汉诺会合。威胁也不只来自一个方向,因为吉斯戈之子哈斯德鲁巴已经从加的斯推进到了贝提卡(安达卢西亚)。如果西庇阿深入内陆与汉诺和马戈作战,他可能会发现哈斯德鲁巴就在身后。因此,他派副官西拉努斯带着一万步兵和五百骑兵去攻击前者,而自己显然一直都在关注和监视哈斯德鲁巴。

　　尽管一路上净是崎岖的隘道和茂密的树林,但西拉努斯的行军速度非常快，以至于还没等信使甚至小道消息对迦太基人发出他已接近的警告，他就来到了迦太基人面前。出其不意的优势抵消了他在兵力上的劣势，他首先袭击了警备不严的凯尔特伊比利亚人营地，在迦太基人赶来支援前就击溃了他们。眼看战局已经明朗，马戈立即带领几乎所有的骑兵和两千名步兵逃离了战场，向加的斯撤退。但汉诺和那些胜负已定时才赶到战场的迦太基人被俘虏了，征召的凯尔特伊比利亚兵也化为一盘散沙，从而将其他部落可能步其后尘加入迦太基军队的危险扼杀在了萌芽状态。

西庇阿毫不吝惜地赞美西拉努斯，这是他的作风。他由此确保了侧翼的安全，以便挥师南下，他向哈斯德鲁巴进军，于是后者不仅仓皇退却，还把军队打散，组成小型守备队，驻守在各个有城墙围绕的城镇，唯恐合兵一处会把西庇阿引来。

西庇阿见敌人就这样自甘陷于被动防御，便作出决断，在没有充分优势的情况下，进行一系列很可能耗尽己方兵力的小规模围城战毫无意义。然而他却派他的兄弟路奇乌斯去攻占一座城镇奥林克斯（Orinx），它是哈斯德鲁巴的战略要地，从这里可以入侵内陆各国。路奇乌斯成功完成了这项任务，西庇阿的天性也在历史记载中再次得到了证明，他给予路奇乌斯至高无上的赞美，表示夺取奥林克斯与自己在卡塔赫纳的战功同等重要。随着冬季的临近，他将军团转移到了冬营地，派兄弟带着汉诺和其他地位显赫的俘虏回到罗马。

第五章　　伊利帕战役

公元前 206 年春天，迦太基人作出了最后一搏。哈斯德鲁巴在汉尼拔之弟马戈的鼓励下，征召并武装了新兵，组建了一支拥有七万步兵、四千骑兵和三十二头战象的军队，北上伊利帕（Ilipa，或称 Sil-pia），此地距离现在的塞维利亚（Seville）不远。西庇阿从塔拉科南下，迎战迦太基人，途中在巴埃库拉集结辅助兵。当他向巴埃提斯河靠近，并得到了关于敌军更充分的情报时，他认识到了问题的艰巨性。他确信，仅凭罗马军团根本不是如此庞大的敌军的对手，然而，如果利用大量的盟友，依赖他们的支持，就要冒重蹈父亲和伯父覆辙的风险，他们的败亡就是因为盟友突然叛离。因此，他决定"通过一场欺骗性的表演"，利用他们来达到影响和误导敌人的目的，而把主要的战斗任务留给自己的军团。他像两千年后的威灵顿一样，认识到还是不要指望西班牙盟友的合作比较明智。法国人在摩洛哥再次领教了这一点。他率领包括罗马人和同盟军、共计四万五千步兵和三千骑兵的总兵力向伊利帕推进，来到了看得见迦太基人的地方，并在他们对面的某些低矮山丘上安营扎寨。值得注意的是，倘若得胜，他的前进路线将切断迦太基人逃往加的斯最近的路，也就是沿着巴埃提斯河南岸的这条路。

马戈认为这是突然出击、瓦解敌军的有利时机,于是带领他的大部分骑兵和马西尼萨及其努米底亚骑兵,袭击了正忙着扎营的人们。但西庇阿和往常一样,时刻谨记安全原则,早已预料到这种可能性,已经让自己的骑兵在一座山丘的掩护下埋伏好了。这些兵马从侧面向迦太基骑兵的前部发起进攻,使他们陷入混乱,虽然上前增援、加强攻击的后方梯队曾一度恢复势均力敌的局面,但这个问题还是因罗马军团主力从营地出击而得到了解决。起初,迦太基人还能并然有序地撤退;但由于罗马人的穷追猛打,他们溃不成军,逃回了己方营地避难。这个结果使西庇阿从一开始就在士气上占了上风。

两军营地隔着两座低矮山脊之间的一条山谷相望。哈斯德鲁巴连续数日率领他的军队出来挑战。每次西庇阿都要等到迦太基人出动之后才跟进。然而双方都不开始进攻,等到太阳快要下山时,站累了的两支军队再撤回各自的营地——总是迦太基人先撤。从结果来看,西庇阿这边的拖延无疑是有一个特殊的动机。每一次,罗马军团都被安排在罗马军队的中央,对面是迦太基和非洲正规军,两军都把西班牙同盟军部署在两翼。两军营地里的人们都在说这种阵型已经确定,西庇阿也一直等到这种信念深入人心。

然后他行动了。他注意到迦太基人每天都在很晚的时候出动,于是自己也故意等到更晚的时候,就是要让对手对这套惯例产生思维定势。那天夜里,他向整个营地下达命令,要求军队在天亮前吃饱饭、武装好,骑兵也要给马配好鞍。然后,趁着天还没亮,他派出骑兵和轻装部队去袭击敌人的前哨站,自己则率领军团跟上。这是第一个意外之变,结果就是迦太基人被罗马骑兵和轻装部队的突袭打了个措手不及,不得不武装起来,空着肚子出击。这进一步保证了哈斯德鲁巴即使有这个想法,也没有时间改变他的常规部署。因为第二个意外之变是,西庇阿颠覆了他以往的阵形,把西班牙同盟军放在了中央,把罗马军团放在了两翼。

罗马步兵好几个小时按兵不动,因为这正是西庇阿想要并且设计好的,为的是让饥肠辘辘的对手感受到未吃早餐的影响。这样一来,他的另一个意外之变就没有风险了,因为一旦铺开阵型,迦太基人面对虎视眈眈、准备充分的对手,就不敢变更他们的战阵了。双方骑兵和轻装部队之间的小规模战斗仍未见分晓,每一方都能够在受到重压时躲到己方的步兵后面。最终,西庇阿判断时机已经成熟,发出了撤退的号令,并将他的散兵通过各个步兵大队之间的间隔接回来,然后将他们分别安置在两翼后方的预备队中,轻装步兵在重装步兵后方,骑兵在轻装步兵后方。

大约在第七时,他命令战线前进,但中央的西班牙同盟军只是以缓慢的速度前进。当距离敌军不超过八百码时,右翼向右转,再向左转弯,西庇阿通过这种办法,让步兵大队陆续斜向外推进——以纵队的形式。他之前已经向指挥左翼的西拉努斯和马尔西乌斯派去了传令兵,让他们也进行类似的机动。罗马步兵大队迅速推进,以便让缓慢移动的中军回撤得很深,他们接近敌军时陆续向内转组成战线,直接攻击敌军侧翼,如果没有这样的机动,敌军侧翼就会把他们兜住。当重装步兵就这样正面压迫敌军两翼时,骑兵和轻装步兵奉命向外转,迂回包抄敌人的两翼,从侧面展开攻击。这种对左右两翼的集中打击极具破坏性,因为它迫使防守方同时面对来自两个方向的攻击,而且由于遭受攻击的是西班牙人组成的非正规军,因此更能起到决定性作用。更让哈斯德鲁巴难办的是,骑兵的侧翼攻击把他那些受惊发狂的战象赶进了迦太基中军,造成了混乱。

这段时间,迦太基中军一直无奈地站在原地不动,无法驰援两翼,因为害怕被西庇阿的西班牙兵攻击,他们威胁着迦太基中军,却并不近身。西庇阿经过了深思熟虑,能够以最小的兵力消耗"固定"

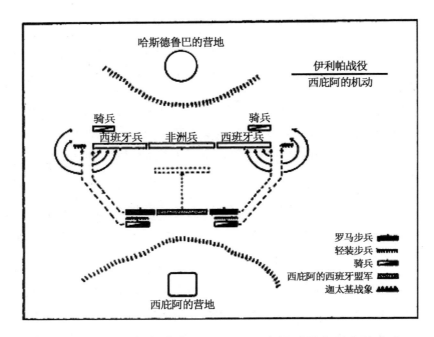

哈斯德鲁巴的营地

伊利帕战役
西庇阿的机动

骑兵　骑兵
西班牙兵　非洲兵　西班牙兵

罗马步兵
轻装步兵
骑兵
西庇阿的西班牙盟军
迦太基战象

西庇阿的营地

住敌人的中军,从而使他决定性的两面机动得到最大程度的集中。

哈斯德鲁巴的两翼被歼灭,中军因饥饿和疲惫而丧失战斗力,纷纷后退,起初还秩序井然,但在无情的压迫下逐渐瓦解,逃向围以壕沟的营地。一场倾盆大雨将士兵们脚下的土地搅成了烂泥,给了他们一个暂时的喘息之机,也阻止了罗马人乘胜追击、直取大营。夜里,哈斯德鲁巴撤离了他的营地,但由于西庇阿的战略推进已经使罗马人切断了通往加的斯的退路,他被迫沿着巴埃提斯河西岸向大西洋撤退。几乎所有的西班牙盟友都抛弃了他。

西庇阿的轻装部队显然对观察敌情的责任很上心,因为天一亮,他就从他们那里得到了哈斯德鲁巴离开的消息。他立刻追了上去,派骑兵在前面追赶,而且追赶的速度非常快,尽管被向导领错了路,试图抄近路堵住哈斯德鲁巴的新退路未果,但骑兵和轻装步兵还是追上了哈斯德鲁巴。他们在侧翼或背后的攻击不断地骚扰他,迫使他屡屡停下脚步,这样一来,罗马军团就能够跟上来了。"此后便不再是一场战斗,而是宰杀牲口一般的屠戮,"直到曾经在伊利帕作战的七万多人中只剩哈斯德鲁巴和装备不整的六千人逃到了邻近的山丘上。迦太基人急忙在最高的山顶上构筑了一个营地,但尽管易守难攻的地势阻碍了进攻,食物的匮乏却导致逃兵源源不断。最终,哈斯德鲁巴趁夜抛下了他的部队,到达了不远处的海边,乘船前往加的斯,马戈也很快步其后尘。

于是西庇阿给西拉努斯留下一支部队等待敌营已成必然的投降,自己率军返回塔拉科。

说到用兵术,军事史上再没有比伊利帕这场战役更经典的例子了。以弱胜强很少能取得如此彻底的胜利,而这一结果要归功于出其不意和集中兵力这两项原则的完美运用,这在本质上就是一个流传千古的榜样。腓特烈著名的斜线阵与西庇阿的两面斜向机动和包围相比,显得多么粗陋,西庇阿是在将敌人中军死死固定住的情况下,以己之长攻彼之短,实现了碾压性的火力集中。西庇阿没有给敌人留下任何改变攻击方向的机会,这种情况可是让腓特烈在科林(Kolin)付出了高昂的代价。西庇阿的作战战术纵然高超,但更为出类拔萃的或许是他利用这些战术时的果决和迅速,在军事史上无人能出其右,直到拿破仑将追击发展为战斗的重要补充,也是对将才的终极考验之一。对象是西庇阿的话,没有哪位骑兵指挥官会发出马哈巴尔(Maharbal)对汉尼拔的抱怨,无论那抱怨有没有充分的理由:"汉尼拔,你确实懂得如何取得胜利,但你不懂如何使用胜利!"

但西庇阿并没有安于现状,他的战略开发思想和他的战术开发思想一样,都是与生俱来的。他已经放眼未来,将目光投向了非洲。正如他已经看出卡塔赫纳是西班牙的关键,西班牙是意大利局势的关键一样,他也看出了非洲是整个战局的关键。攻打非洲,不仅会使意大利摆脱汉尼拔始终构成威胁的军事存在——他已经通过破坏汉尼拔的增援来源减轻了这种威胁——还会削弱迦太基势力的基础，直到这个庞然大物自己倒下，走向穷途末路。

朋友们向他道贺，恳求他休息一下，对此他的回答是，他现在必须考虑如何开始对迦太基的战争；因为到目前为止，一直是迦太基人向罗马人开战，但现在时运给了罗马人向迦太基人开战的机会。

尽管要想让罗马元老院转而采信他的战略肯定还需要一些时间，但他还是开始了准备工作。马西尼萨在伊利帕战败后站到了罗马这边，并被派往非洲，去说服努米底亚人听从他的领导。此外，西庇阿还派莱利乌斯出任特使，去试探马塞西利人（Massæsylians）国王西法克斯（Syphax）的意向，他的领地包括现在的阿尔及利亚大部分地区。西法克斯虽然表示愿意与迦太基决裂，但拒绝批准任何条约，除非西庇阿亲自过来。

尽管对方对安全通行权作出了承诺，但这样的行程还是非常危险的。外交特权当时还处于萌芽状态，作为使节总要冒风险，他们的命运往往足以把最勇敢的人吓得瑟瑟发抖。当这位使节是罗马唯一的胜将，他的存在对迦太基及其盟友的威胁越来越大，现在却被要求把自己托付给一个可疑的中立者、远离自己的军队时，个中风险也大多了。然而西庇阿在风险与收益间进行了一番权衡，认为争取西法克斯是进一步制定政策的一个重要步骤，遂决定承担这一风险。为西班牙的防卫工作作出必要的部署之后，他同两艘五桨座战船从卡塔赫纳起航。事实证明，风险比他预计的还要大。事实上，古代世界的历史走向很可能因一阵风而改变。因为他刚好在被赶出西班牙、欲返回迦太基的哈斯德鲁巴抛锚之后到港。哈斯德鲁巴带了七艘三桨座战船，看到明显属于罗马的船只靠近，他急忙试图备好自己的船起锚，以便在两艘五桨座战船进入这个中立港之前制服对方。但一阵清爽的微风帮助罗马船只在哈斯德鲁巴的舰队出动之前驶入了港口,而一旦西庇阿进港,迦太基人就不敢动手了。

随后,哈斯德鲁巴和西庇阿都去拜见了西法克斯,他们对他身价的认可让他受宠若惊。他将二人奉为上宾,稍加迟疑后,他们也放下了顾虑,在西法克斯的餐桌上共进晚餐。在这种微妙的情形下,西庇阿的个人魅力和外交天赋促成了一次辉煌的大成功。不只是西法克斯,还有哈斯德鲁巴也为他的魅力所倾倒,这位迦太基人公开承认,西庇阿"在他看来,与自己私下会面时表现出的品质比战功更值得钦佩,他毫不怀疑西法克斯和他的王国已经任由罗马人摆布了,那个人就是有这样的本事,能够赢得他人的尊敬"。哈斯德鲁巴是真正的预言家,因为西庇阿带着经过批准的条约返航了。

第六章　　平定西班牙

西庇阿已经为他在非洲的作战犁好了地，播好了种。然而收获果实的时候还没到。他首先要完全平定西班牙，并对老西庇阿兄弟死后、罗马在伊比利亚半岛陷入危机的关头抛弃她的部落施以惩罚。他们的继承者是一位过于精明的外交家，不会在胜负未定之时提早摊牌，但现在迦太基势力终于被破坏掉了，为了罗马势力的未来安全，对待这种背叛行为决不能既往不咎。两个主犯是伊鲁西（Illiturgis）和卡斯图罗（Castulo），这两座城市位于巴埃库拉战场附近，巴埃提斯河（瓜达尔基维尔河）上游。他派出三分之一的兵力在马尔西乌斯的带领下对付卡斯图罗，自己则带领剩余的兵力向伊鲁西进发。负罪感宛若警觉的哨兵，西庇阿到达时，发现伊鲁西人根本没有等待开战宣言，就已经作好了所有的防御准备。于是他准备进攻，将军队一分为二，把其中一部分交给莱利乌斯指挥，以便两支部队可以"在两个地方同时攻城，从而在两面城墙处同时制造恐慌"（李维）。这里又有一点值得注意，西庇阿是如何始终如一地执行集中式攻击的——他的兵力被划分为数个独立机动的部分，以达到出其不意的效果，并且使敌人疲于防御，然而却能联合起来对付一个共同的目标。他对这个基本战术公式的理解，与它在古代战争中的稀有性形成了何等强烈的对比，在现代战争中的情况亦然，因为指挥官们有多少次把他们的计划撞毁在目标分化这只"斯库拉"(Scylla)[1]上，抑或是撞毁在另一只"卡律布狄斯"(Charybdis)上，即佯攻或"牵制"攻击，以便将敌人注意力和后备部队从己方的主攻上转移开来。

西庇阿制定好计划后，意识到士兵们对打击单纯的叛乱分子天生就没有那么大的热情，他努力通过利用他们对被出卖战友的感情来激励他们的决心。他提醒他们，现在需要的是报仇雪恨，因此他们应该比对抗迦太基人时更加凶猛地战斗。"因为与后者交战时，斗争是为了支配权和荣耀，几乎没有愤怒的成分，然而现在他们必须要惩罚对方的背信弃义和野蛮行径。"这样的驱策是必需的，因为伊鲁西人是在殊死一搏，没有任何希望可言，只能尽可能多拉几个垫背的，他们击退了一次又一次的攻击。事实上，由于出现了这种西庇阿显然早已预料到的情况，先前取得了胜利的这支军队"表现得很不果断，这对它来说可不怎么光荣"。在这危急关头，西庇阿就像在洛迪(Lodi)夺桥的拿破仑一样，毫不犹豫地赌上了自己的性命。"他认为自己有责任亲力亲为，与部下共担风险，他责备士兵们的胆怯，下令再次架起云梯，作势要自己登上城墙，既然剩下的人都在犹豫不决。""此时，他已经冲到了城墙附近，处境非常危险，这时士兵们的喊声从四面八方传来，他们对主将所面临的危险感到惊慌，好几个地方立刻架起了云梯。"这种新的刺激，同时伴随着莱利乌斯在别处的施压，使局势发生了逆转，城墙也被攻占。在由此引起的混乱中，城堡也从原以为坚不可摧的一面被攻破了。

而后，伊鲁西的背叛行为遭到了报复，其手段是如此的激烈，以

---

[1] 希腊神话中的女海怪，盘踞在墨西拿海峡的一侧，船只经过她的地盘时，她会吃掉六名船员。后文中的卡律布狄斯是海峡另一侧的大旋涡怪，会吞噬所有经过其地盘的船只。两只海怪之间的安全地带十分狭窄。——译者注

至于成为处罚背叛的示范课,居民被杀死,城市本身也被夷为平地。在这里,西庇阿显然并没有试图约束部下的狂怒,不过正如他在扎马之后所表现出来的那样,他可以对一个公开的敌人无比宽宏大量。作出所有这些举动的时候,他显然已经规划好了未来,甚至允许将伊鲁西从地图上抹去也有直接目的。因为这个消息极大地动摇了卡斯图罗的守军,以至于西班牙指挥官抛下盟友,暗中投降了,而这座城市原本是更难啃的硬骨头,因为当地的驻军得到了迦太基军队残部的增援。血洗伊鲁西在精神上的目的就这样达成了,卡斯图罗也比较轻松地逃过一劫。

然后,西庇阿派马尔西乌斯去解决仅存的几个怀有二心的地方,自己则回到卡塔赫纳向诸神起誓,并举办了一场角斗士表演以纪念他的父亲和伯父。这件事很值得一提,因为不管是出于偶然,还是出于西庇阿的个人趣味——后一种的可能性似乎更大——这场角斗士表演的性质都与正常比赛不同。这些角斗士不是奴隶或俘虏,注定要为"以自己的痛苦取乐罗马人"而战斗,他们全都是自愿参加的,没有报酬,要么是部落选出来的代表,要么是士兵,渴望展示自己的本事,向他们的将军表示敬意,抑或是渴望荣誉。他们也不都是身份卑微之人,其中还包括一些地位显赫的人,因此,卡塔赫纳的这些比赛可以说是中世纪骑士比武大会的发源地。也有一些人把它作为解决私人纠纷的手段,这也预示了更晚些时候发展出来的决斗。

就在这之后不久,来自加的斯的逃兵抵达卡塔赫纳,提出要将这个迦太基势力在西班牙的最后据点出卖给西庇阿,马戈已经在那里聚集了船只、从西班牙外围卫戍地逃出来的部队和从非洲渡海而来的援军。西庇阿不会错过这个机会,他立即派马尔西乌斯"率领轻装步兵",莱利乌斯"率领七艘三桨座战船和一艘五桨座战船,以便进行海陆协同作战"(李维)。这几句话说明了西庇阿对海陆联合作战之优势的理解,这个优势在攻取卡塔赫纳时已经表现得很明显了,除此之外,特别提到"轻装步兵"似乎还有一层含义。从卡塔赫纳到加的斯足足有四百英里。完全只派轻装部队移动这么远的距离——堪称军事发展史上的一座里程碑——表明西庇阿不仅理解时间因素,也懂得在机会最终由速度决定的情况下,一支高机动进攻部队所具备的优势。

他也有可能打算带着军团跟在后面;但即便如此,这种可能性和他的总体计划也还是被一场重病打乱了,他病倒了。谣言四起,极尽夸张之能事,他已不在人世的说法很快就传遍了这片土地,造成了不小的骚动,以至于"盟友们不再忠诚,军队也拒不履行职责"。

曼多尼乌斯和安多巴勒斯心生不满,因为驱逐了迦太基人之后,罗马人并没有心甘情愿地撤走,把地盘留给他们,于是他们举起了反旗,开始骚扰忠于与罗马有同盟关系的部落领地。正如历史上经常发生的那样,压迫者的消失是附属地发现保护者的存在很讨厌的导火线。曼多尼乌斯和安多巴勒斯不过是美国殖民者和现代埃及人的先祖。最讨厌的羁绊莫过于人情债。

但是罗马军队自己也在卡塔赫纳与塔拉科之间的交通线中间的苏克罗(Sucro)发生了哗变,使得局势更加危急。交通线上的部队永远都是最不可靠的,最容易心生不满、爆发骚乱的,此乃自明之理。整日碌碌无为,缺少掠夺来的财物,在这件事情上,士兵还被拖欠了军饷,导致情况更加严重。起初,这些人只不过是无视命令、玩忽职守,可没过多久,他们就公开哗变,把军政官赶出营地,把指挥权交给了两名普通士兵阿尔庇乌斯(Albius)和阿特里乌斯(Atrius),二人是这次动乱的主要煽动者。

哗变者原本指望可以趁西庇阿之死造成的大乱,任意掠夺和索取贡品,同时又能在很大程度上掩人耳目。但是,当西庇阿已死的谣言被驳倒时,这场动乱且不说平息,至少势头减弱了。当西庇阿派来的七名军政官到来时,他们正处于这种比较缓和的心态。这几名军政官显然受到了指示,走的是温和路线,并没有责备他们,而是询问他们有何不满,并以小组为单位对他们讲话,而没有试图把他们聚集在一起,对他们发表演说,因为在那种场合下,暴徒的心里容不下一丝一毫的理性。

波利比乌斯告诉我们,西庇阿感到非常焦虑和困窘,他虽然身经百战,却没有处理叛乱的经验,李维也明显照搬了波利比乌斯的说法。即便如此,西庇阿的处理方法也并没有把这一点表现出来。对于一名新手来说,他在处理这种情况时明察秋毫、机智圆滑、当机立断、堪称绝妙,实际上对于一位经验丰富的指挥官来说也是一样。他派征收人去各个城市征收维持军队的摊派费用,而且务必让大家知道,这是为了整改欠饷问题。然后,他发布公告,要求士兵们到卡塔赫纳领取军饷,是全体一起来还是分成单独的队伍,随他们喜欢。同时,他还命令卡塔赫纳的军队做好向曼多尼乌斯和安多巴勒斯进军的准备。顺便一提,这些首领听说西庇阿确定活着之后,都撤回到了自己的领地内。这样一来,哗变者一方面觉得可能的盟友跑了,另一方面又因为有望领到军饷,更因为军队有望动身离开,因而鼓起了前往卡塔赫纳冒险一试的勇气。不过他们也采取了预防措施,是全体一起来的。

七位询问过他们不满原因的军政官被派来接待他们,请他们到自己的营帐里吃晚餐,并收到秘密指示要把他们的头目揪出来。哗变者在日落时分到达卡塔赫纳,看到军队正准备出征,他们自己也备受鼓舞,同时,对方的接待也让他们觉得好像自己来得正是时候,正好可以接替出征的部队,因而打消了疑虑。这些人按照命令,在天亮的时候带着辎重出发,但到了门口就被拦住了,辎重也被卸下了。然后,卫兵奉命封锁了营地的所有出口,部队中其余的人将哗变者团团包围。与此同时,哗变者被召集到一起,他们更乐意服从这个召集令,因为他们以为这个营地,乃至将军本人,都任由他们摆布。

他们第一次受到震撼,是在看到他们的将军精力充沛、身体健康、远非他们想象中的病人时,第二次受到震撼,是当他在一阵令人心慌的沉默之后,以一种与自身看似危险的处境莫名违和的方式向他们讲话时。李维声称自己逐字逐句、巨细靡遗地记录了这次演说,在他的演绎下,这次演说堪称修辞与文风的杰作。波利比乌斯的版本更简短、更明快,也更自然,以西庇阿"开始讲话,内容大致如下"作为开端。文学爱好者会偏爱李维的版本;但历史学家在权衡了年代和环境证据后,会更愿意认可波利比乌斯的版本,它传达的是大意,而不是西庇阿的原话。

尽管有这些疑问,我们的开场白还是要引用李维,因为这些话是如此的有力,也因为这样的开篇被准确记录下来并非不可能。他说他不知该如何称呼他们,继而说道:"我可以称你们为反抗自己祖国的同胞吗?抑或是拒绝将军的命令和权威、违反神圣誓言的军人?我可以称你们为敌人吗?我认出了同胞们的身躯、面孔、衣着和仪表;但我也觉察到了敌人的行为、措辞和意图。因为你们所期盼的,哪一样不是伊勒盖特人和拉西塔尼人(Lacetani)的所作所为?"接下来,他表示很奇怪,到底是怎样的不满,抑或是怎样的期望导致他们造反。如果仅仅是对因他生病所造成的拖欠军饷不满,那么这样的行为——危害他们的祖国——难道是正当的吗?尤其是自从他执掌统帅权以来,他们的军饷一直是足额发放的。"雇佣兵部队反抗雇主,有时确实可以得到赦免,但为自己和妻儿而战的人不能被赦免。因为这就好比一个人说他在钱的问题上被自己的父亲亏待了,便要抄起武器杀死这个给了他生命的人"(波利比乌斯)。如果原因不仅仅是心怀不满，那么难道是因为他们希望通过为敌人效力而获得更多的利益和劫掠的财物？如果是这样的话，谁有可能成为他们的盟友呢？像安多巴勒斯和曼多尼乌斯这样的人；把信任寄托在这种屡屡反水的人身上，妙啊！然后他又开始奚落他们选出来的领袖，愚昧无知，出身微贱，他拿他们的名字阿尔庇乌斯和阿特里乌斯开涮，分别称之为"小黑"和"小白"[1]，以此让他们意识到这是何等荒唐，并诉诸他们的迷信心理。他还冷酷地提醒他们那个在雷吉乌姆（Rhegium）造反的军团下场如何，他们全都被砍了头，一个不剩。但就连那些人也是听从一名军政官指挥的。他们造反又能有几分胜算？即使关于他的死亡的传闻是真的，难道他们以为西拉努斯、莱利乌斯或者西庇阿的兄弟这些久经考验的将领报不了罗马受辱之仇吗？

当他用如此有力的论证粉碎他们的信心、激起他们的恐惧时，使他们脱离叛乱的煽动者、重新赢得他们忠心的道路就已经为他铺设好了。他的语气从严厉转为温和，继续道："我会在罗马和我自己面前为你们辩护，用一种举世公认的辩护理由——群众都很容易被误导，很容易被驱使着作出过火的行为，以至于一大群人总是像大海一样善变。大海本质上对航行者并无恶意，是很平静的，然而当它被风搅动时，就会表现出与风一样的狂暴性质，所以一群人也总是表现出碰巧当上了领袖和参谋的那些人的气质，实际上也确实如此。"在李维的版本中，他还巧妙地把自己最近身体上的疾病与他们心理上的疾病进行了一番感同身受的比较，算准了这样会触动他们的心。"因此，这一次，我也……同意与你们和解，并赦免你们。但是我们拒绝与那些有罪的煽动叛乱者和解，并决定对他们的过错予以惩处……"他的话音刚落，包围了众人的忠诚部队便以剑击盾，吓得哗变者心惊

---

[1] 两人的名字分别为拉丁语的"黑""白"之意。——译者注

胆战;传令兵的声音响起,对被判刑的煽动者一一点名;这些罪犯被五花大绑、赤身裸体地带到众人中间,然后在众目睽睽之下被处决。这个方案的时机掌握得恰到好处,行动协调一致,哗变者被吓得不轻,都没有人举手或是出声抗议。处刑完毕,众人得到了既往不咎的保证,并重新向军政官宣誓效忠。通过西庇阿独有的处理方式,每个人都在被点到名字时领到了足额的军饷。

这种对极其险恶局势的巧妙处理,其意义不仅仅在于让人回想起贝当(Pétain)在平息 1917 年哗变时的做法——莫非这位法国伟人也研究过苏克罗的哗变?——不只是严惩头目的同时对不满的原因进行合理整改这种双管齐下的手段,还有恢复军队精神健康时尽可能少动刀子的方式。这才是真正的战力节约,因为这意味着那八千人并非因受到恐吓而顺从命令,迫不得已成为援军,而是变成了忠心耿耿的支持者。

但镇压这次哗变只是挽回西庇阿生病所造成的局面的一步。远征加的斯失败了,主要是因为这个阴谋被迦太基指挥官发现了,阴谋者也被逮捕。莱利乌斯和马尔西乌斯虽然取得了一些局部的胜利,却发现加的斯已经有所准备,于是被迫放弃他们的计划,返回卡塔赫纳。

在那里,西庇阿正准备向西班牙叛军进攻。他在十天之内便到达了整整有三百英里远的埃布罗河,并于四天后在看得见敌人的地方安营扎寨。两军营地之间有一座环形山谷,他把一些只有轻装部队保护的牲口赶进山谷,以"激起野蛮人的掠夺心理"。同时,他把莱利乌斯和骑兵置于一个山嘴后面隐蔽起来。诱饵设好了,当敌军的散兵正打得热火朝天时,莱利乌斯从隐蔽处杀出,他的一部分骑兵向西班牙人发起正面冲锋,另一部分骑兵则绕到山脚下,切断他们回营的路。随之而来的败北让西班牙人十分恼火,以至于第二天早上天刚亮,他们的军队就出营挑战。

这正中西庇阿下怀,因为山谷非常狭窄,西班牙人这样做,就只能在平地上近身搏斗,施展不开,而在平地上,罗马人独有的肉搏战才能使他们在更适应远距离山地作战的部队面前有了起手优势。此外,为了给骑兵留出空间,西班牙人还被迫将三分之一的步兵撤出了战斗,驻扎在后面的山坡上。

面对这些情况,西庇阿想出了一个新的权宜之计。山谷非常狭窄,西班牙人无法将骑兵部署在占据了整个空间的步兵战线的侧翼。见此情形,西庇阿意识到自己的步兵侧翼已经自动有了保障,于是派莱利乌斯带领骑兵绕过山丘,进行了一次大范围的迂回。通过猛烈的固定攻击来保证预期的机动才是重中之重,他自始至终都很清楚这一点,而后,他亲率步兵进入山谷,四个步兵大队在前,这已经是他能够在狭窄的前线上有效部署的最多兵力了。如他所愿,此番猛攻吸引了西班牙人的注意,使他们无法观察到骑兵的机动,直到这一击落下,他们听见后方骑兵的交战声。就这样,西班牙人被迫打了两场各自为战的战役,他们的骑兵无法支援步兵,步兵也无法支援骑兵,每一支部队的后方都注定要传来令人士气大跌的交战声,以至于每一次战斗都是在挫伤另一支部队的士气。

西班牙步兵被挤到狭窄的空间里,还要受到老练的近战斗士的攻击,后者的阵形给了他们连续打击的纵深优势,前者终被击溃。其后,被包围的西班牙骑兵承受着逃亡者的压力、罗马步兵的直接攻击和罗马骑兵的后方攻击,无法发挥机动性,被迫固定在原地作战,在进行了英勇却毫无希望可言的抵抗后,被悉数杀害。当这个希望彻底消失的时候,罗马方面的伤亡足以证明这场战斗的激烈和西班牙人抵抗的力度——一千二百人战死,三千多人负伤。西班牙人一方的幸存者仅有占全军三分之一的轻装部队,他们留在山丘上,对山谷中的惨剧作壁上观。这些人和他们的首领一起，及时逃走了。

这场决定性的胜利是西庇阿的西班牙战役的完美收官；这些战役尽管长期被军事研究者忽视，却显示出对战略的深刻理解——还是在战略刚刚诞生的时候——同时也显示出战略与政策的密切关系。但最重要的是，这些战役的战术成就之丰富，足以彪炳千古。军事史上再难有这样一系列别出心裁、富有灵气的战斗机动，总的来说，甚至超过了汉尼拔在意大利的表现。如果说西庇阿在意大利战场上受教于汉尼拔无心插柳的教程，那么这名学生简直是青出于蓝而胜于蓝。这种可能性也并没有折损西庇阿的光彩，因为战争艺术的最高境界是与生俱来的，而不是后天习得的，否则在他之后、古往今来的那么多将帅，为何没有从西庇阿的示范中受教更多呢？尽管汉尼拔的计策花样百出，但西庇阿这边似乎更加变化多端，算计得更全面，而且在三个方面明确占优。攻打设防之地，这是汉尼拔公认的弱项；西庇阿则相反，攻取卡塔赫纳是历史上的一座里程碑。伊利帕之后的追击标志着战争的一次新发展，对安多巴勒斯的最后一战中大范围兼具隐蔽性的迂回运动亦然，这样的发展显然已经超越了迄今为止的技战术巅峰，即有限的迂回敌侧机动。

西庇阿在军事上的座右铭似乎是"次次出新策"。还有哪位将军的用兵之道如此富有创意？除了他以外，历史上的大多数名将似乎只是对这门艺术稍有涉猎，在他们的整个职业生涯中，只有那么一两次脱离常规、求新求变。而且不要忘了，西庇阿的胜利都是对一流的对手取得的，只有一次例外。他不是像亚历山大那样，对手是亚洲的乌合之众；像恺撒那样，对手是游牧部落；或者像腓特烈和拿破仑那样，对手是一个萎靡的军事系统中的朝臣将军和老学究们。

事实证明，对安多巴勒斯和曼多尼乌斯的这场胜利，不仅为他在西班牙的军事生涯圆满收尾，也完成了他对这片土地的政治征服。如此彻彻底底的胜利，使安多巴勒斯意识到继续抵抗无非是徒劳，于是派他的兄弟曼多尼乌斯去无条件求和。可想而知，曼多尼乌斯肯定对他将要受到的接待和他的下半辈子感到些许悲观。对这些两度造反的人进行凶残的复仇，本就理所当然。但西庇阿了解人性，包括西班牙人的本性。再怎么复仇也无法提高他现已不成问题的军事或政治地位，然而另一方面，复仇只会为将来埋下麻烦的种子，把幸存者转变为苦大仇深的敌人，等待时机再度揭竿而起。虽然他对他们的忠诚没有什么指望，但宽大为怀是唯一可能确保其忠诚的方针。因此，在责备了曼多尼乌斯，并通过他责备了安多巴勒斯，把他们无能为力的处境和取他们性命天经地义的道理讲清楚之后，西庇阿与他们达成了和解，既宽宏大量，又富有长远的外交眼光。为了表现自己根本不怕他们，他没有按照惯例要求他们交出武器和全部财产，甚至没有要求他们交出必需的人质，他说"如果他们造反，他不会报复那些无罪的人质，而是要报复他们本人，不是对手无寸铁的敌人，而是对全副武装的敌人施以惩罚"（李维）。这一政策的智慧可以用一个事实来证明，从这一时刻起，西班牙就从布匿战争的历史中消失了，无论是作为迦太基军队的征兵和补给基地，还是作为西庇阿全神贯注于他的新目标——迦太基本身——时让他分心的事物。诚然，叛乱还是时有发生，第一次公开叛乱是因为西班牙人看不起接替西庇阿的将军们，在之后的几个世纪里，叛乱也一再发生。但这些叛乱都是孤立的、零星的突发事件，而且仅限于山地部落，这些人生来就是狂热的好战分子。

西庇阿在西班牙的使命已经完成。只有加的斯作为迦太基势力的最后一个据点还在维持，它在当时是一座岛屿要塞，除非被守军出卖，否则是很难攻破的。一些历史学家把马戈从加的斯逃脱归咎于西庇阿的战略失当,但对比各路权威人士的说法,马戈很可能是趁西庇阿忙于处理哗变和安多巴勒斯造反所造成的更紧迫的威胁之时,奉迦太基那边的命令离开的。马戈也并非多么可怕的人物,他带着少量的部队离开,前往其他战场,本身对大局也构不成什么威胁,即使这件事是可以阻止的,然而从军事角度看,想要阻止他也是不可能的。实际上,在他从加的斯出发的航程中,他曾试图趁西庇阿不在偷袭卡塔赫纳,却被轻而易举地击退,还遭到了猛烈的反击,船员们为了避免被敌人登上船而割断了船锚,导致许多败兵被淹死或杀死。他被迫回到加的斯重新招兵买马,城中居民却拒绝放他入城,而且很快就向罗马人投降了,于是他只好折回巴利阿里群岛最西边迦太基人占据的皮提乌萨岛(Pityusa,今伊维萨岛)。在接受了新兵和补给后,他试图在马略卡岛(Majorca)登陆,却被以投掷术闻名的当地人击退,他不得不选择没那么便利的梅诺卡岛(Minorca)作为冬营地,在那里把他的船拖上岸。

关于这最后阶段的时间顺序,在李维的记载中,镇压安多巴勒斯叛乱之后便是西庇阿与马西尼萨会面的故事,然后是马戈离开加的斯的详情,由此看来,这一切似乎发生在西庇阿仍在西班牙时。但就历史顺序的准确性而言,用李维做向导不如波利比乌斯可靠,而后者的叙述明确表示,征服了安多巴勒斯之后,西庇阿直接回到了塔拉科,然后"急着在执政官选举前赶回罗马,不能太晚",他把军队交给西拉努斯和马尔西乌斯,把该地区的行政事务安排妥当之后,起航驶向罗马。

与马西尼萨的会面,无论发生在何时,都值得注意,因为西庇阿多年前厚待马西尼萨外甥时埋下的种子在此时结出了硕果,双方结下了盟约,这将成为西庇阿削弱迦太基势力的非洲根据地的主要工具之一。

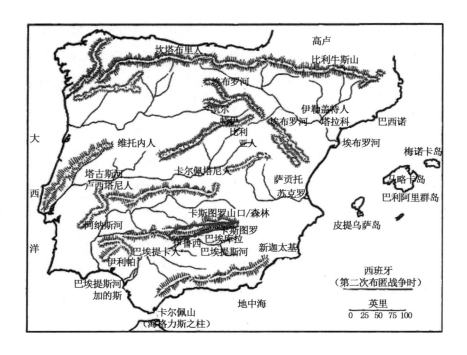

高卢

坎塔布里人

比利牛斯山

埃布罗河

伊勒盖特人

凯尔
特比利
亚人

埃布罗河 塔拉科

巴西诺

维托内人

埃布罗河

梅诺卡岛

卡尔佩塔尼人

萨贡托

乌略卡岛
巴利阿里群岛

塔古斯河
卢西塔尼人

苏克罗

皮提乌萨岛

大
西
洋

阿纳斯河

卡斯图罗山口/森林

卡斯图罗
索鲁西 巴埃库拉

巴埃提卡大 巴埃提斯河

新迦太基

伊利帕

巴埃提斯河
加的斯

卡尔佩山
(海格力斯之柱)

地中海

西班牙
(第二次布匿战争时)

英里

0 25 50 75 100

第七章　　真正的目标

西庇阿一到罗马，就在城外的贝罗纳（Bellona）神庙拜会了元老院，并在那里向他们正式汇报了他的作战情况。"由于这些功绩，他不禁期待自己能够得到一场凯旋式，然而他并没有坚持要求"，因为除了在担任政务官时为国建功立业的人之外，从来没有人得到过这份荣誉。他的这一手是很明智的，因为青年才俊石破天惊的成就已经激起了长辈们的嫉妒。元老院没有打破先例，会见结束后，他以平常的方式进了城。然而，他得到的回报却一点儿也没耽误。在选举来年两位执政官的大会上，他得到了所有百人团的提名。他的当选是众望所归，不仅体现在人们迎接他的热情上，还体现在比布匿战争期间的任何时候都要多的选民数量上，充满好奇的人群涌向他的宅邸和朱庇特神庙，想要一睹这位西班牙战争胜利者的风采。

这场私人凯旋式，相当于对墨守成规的元老院拒绝授予的正式"凯旋式"作出了补偿，但紧接着，狭隘的保守主义灌木丛就在嫉妒的强化下抽出了第一批嫩芽，这将扼杀他个人的工作成果，不过幸运的是，那是在他为罗马取得第一茬收成——即推翻汉尼拔——之后的事儿了。

到目前为止，他在西班牙一直可以自行其是，不受嫉妒的政客或委派过去拖后腿的政府顾问的约束。如果说他必须依赖自己在当地的资源，那么他至少远离中央，必要的行动自由不受国家政策卫道士那帮庸人的控制。但是从现在起，他就要像大约两千年后的马尔博罗和威灵顿一样，忍受政治派系之争和嫉贤妒能的掣肘了，最终也会像马尔博罗一样，在苦闷的隐退状态下与世长辞。有传言道，他说自己被宣布为执政官，不只是为了进行这场战争，也是为了结束这场战争；为了这一目标，他必须率军进入非洲；如果元老院反对这个计划，他将在人民的支持下绕过元老院，将其贯彻到底。或许是他的朋友们不够稳重；或许是其他事情上总是过于老成的西庇阿自己在这件事情上放任了一把，年轻气盛盖过了他的谨慎；或许最有可能的是，他知道元老院天生视野狭隘，自己则是一直在试探民意。

　　结果这个问题在元老院提出时，"拖延者"费边（Fabius Cunctator）发表了保守意见。此人通过不作为而得到了这个名副其实的绰号，他天生的谨慎又被高龄催生出的嫉妒心强化了，对于一个可能用行动让自己名望受损的年轻人，他批评对方的计划时表现得很聪明，即使有恶意的成分在里面。他首先指出，元老院没有投票决定这一年把非洲确立为执政官任职地，人民也没有下这样的命令，暗指如果执政官来到他们面前时已经打定主意，那么这种行为就是对他们的侮辱。接下来，费边试图通过详述自己过去的成就来避免被人指责为嫉妒，仿佛这些成就崇高到西庇阿任何拿得出手的功绩都难以望其项背似的。他说："我和一个年龄比自己儿子还小的人之间能有什么竞争呢？"这也是很典型的、只有他那个年纪的人才会说出来的话。他强调说，西庇阿的职责是在意大利攻击汉尼拔。"你为何不专心在这件事情上，老老实实地去汉尼拔的所在地打仗，而非要推行那种拐弯抹角的路线，照此说来，你指望当你远征非洲时，汉尼拔会跟你到那里吗？"这不禁让人清晰地回想起 1914 年到 1918 年那场战争中的东西两线之争。"如果汉尼拔向罗马进军呢?"一旦有哪个军事领域的异端分子对克劳塞维茨以敌军主力为主要军事目标的学说提出质疑,这套现代人再熟悉不过的论据就会被搬出来反驳他。

然后,费边含沙射影地指出,西庇阿在西班牙的成功使他得意忘形了。说这些话时,费边是明褒暗贬——蒙森(Mommsen)和其他现代历史学家似乎已经把这些嘲讽当成不折不扣的事实接受了,却忘了费边的所有论据是如何被西庇阿的行动毫不含糊地驳倒的。费边强调,如果西庇阿冒险去非洲,他将要面对的问题会有多么不同。没有一个开放的海港,甚至没有一个稳固的立足点,没有一个盟友。西庇阿连自己的士兵都无法相信,难道还相信自己控制得了马西尼萨?——这是在嘲笑苏克罗哗变一事。他在非洲登陆,会遭到整个地区的一致反对,外敌当前,他们会把所有的内部纠纷抛之脑后。即使真的迫使汉尼拔回国了——虽然不太可能——在迦太基附近与他对阵,但那时的他已经不再是带着一支残兵蜗居在意大利南部的他了,而是以整个非洲为依托,我们的处境将是何等的恶劣?"你这是哪门子策略? 宁可在自身兵力减半、敌人兵力大增的地方作战?"

费边最后把西庇阿和他的父亲作了一番很伤人的比较,后者在动身前往西班牙的路上返回意大利迎战汉尼拔,"而你却要在汉尼拔就在意大利的时候离开意大利,并不是因为你认为这样做对国家有利,而是因为你认为这将有助于抬高你的名誉和荣耀……我们征募军队,是为了保护罗马城和意大利,而不是为了让执政官像国王一样,出于虚荣的动机,把军队带到他们喜欢的随便什么地方去"。

这番演说深深打动了在场的元老,"尤其是那些上了年纪的人",当西庇阿起身应答时,大多数元老显然是反对他的。他以一招不卑不亢的反击作为开场白:"甚至连昆图斯·费边自己也说……他的意见可能会被怀疑有嫉妒的成分。虽然我自己并不敢指责如此伟大的人会怀有这种情感,然而无论是由于他表达不到位,还是由于事实,这种怀疑肯定还没有消除。他为了不被指责为嫉贤妒能,便如此强调自己的荣誉和功绩所带来的名声,以至于好像每一个默默无闻的人都可能成为我的竞争对手,唯独他自己不可能,因为他地位超群……""他把自己描绘成一位长者,经历过荣誉的每一个阶段,把我描绘成一个比自己儿子还年轻的人,好像他以为对荣耀的渴望仅限于人活着的时候,好像这份渴望的主要部分与子孙后代的记忆传承无关。"然后,西庇阿以一种温和的挖苦口吻谈到,费边表示很担心他的个人安全,而不仅仅是军队和国家的安全,如果他远征非洲的话。怎么就突然关心起他来了呢? 当他的父亲和伯父遇害时,当西班牙被四支胜利的迦太基军队踩在脚下时,当除了他自己以外没有任何人自告奋勇进行这样一场希望渺茫的冒险时,"为什么当时没有人提到我的年龄,提到敌人的兵力,提到我们面临的困难,提到我父亲和伯父最近的命运呢?""现在的非洲,难道拥有比当时的西班牙更大的军队,更多、更优秀的将军吗? 领兵打仗的话,当时的我难道比现在更成熟吗? ……""击溃了四支迦太基军队之后……重新占领了整个西班牙,再没有任何敌对迹象之后,要轻视我的功绩是一件很容易的事;如果我从非洲凯旋,要轻视此时此刻为了把我扣留在这里而被夸大的各项条件,也会变得同样容易。"接着,在驳倒了费边引以为戒的历史上的例子之后,西庇阿举出了汉尼拔的例子来支持自己的计划,使费边诉诸历史的做法成了搬石砸脚。"给别人带来危险的人,比击退危险的人更有魄力。再者,意想不到的情况所激发的恐惧也会随之增加。当你进入了敌人的领地,你就能近距离观察到他的强项和弱点。"指出了非洲在精神上的"软肋"之后,西庇阿继续道:"只要这边没有障碍,你们将会同时听到我已经登陆和战火烧到非洲的消息;以及汉尼拔正准备离开这个国家的消息。""……现在这种距离下还不明显的很多事物都将显现出来；有机会就不要错过，还要随机应变，善加利用，这些都是将军的职责。昆图斯·费边，你分配给我的对手汉尼拔，我一定会与他交战的，但我宁可引他出来，也不愿被他困在这里。"至于汉尼拔向罗马进兵的危险，如果说另一位执政官克拉苏(Crassus)无法阻止汉尼拔已经缩水减员、军心动摇的军队，也未免太小瞧他了，毕竟费边在汉尼拔势力与成功的极盛时期都做到了这一点——好一记无懈可击的大招！

西庇阿强调，现在正是对迦太基反守为攻、像汉尼拔对待意大利那样对待非洲的时机，之后，他以得意又不失克制的独特口吻结束了他的发言。"尽管费边贬低了我在西班牙的功绩，但我不会试图对他的荣耀横加嘲讽，并且夸大自己的荣耀。虽然我还年轻，但不算别的，至少我会在谦虚和谨言这两方面展现出相比于这位长者的优势。这就是我的人生，这就是我的功劳，我可以满足于你们自发形成的对我的看法，绝不多说一句。"

然而元老院更关心的是维护自身的特权，而不是军事上的争论，他们要求知道，西庇阿是否会遵守元老院的决议，或者如果他们拒绝的话，他是否会越过元老院，诉诸人民的裁决。他们拒绝给出决议，直到他保证会遵守这项决议为止。与同僚商议后，西庇阿向这一要求让步了：于是，元老院，一个典型的委员会，达成了一个折衷方案，抽到西西里岛的执政官如果认为对国家有利，可以获准进入非洲。说来也怪，西西里岛恰恰落到了西庇阿手里！

他投入了巨大的精力，仅用四十五天便把从树林里砍伐的木材打造成了可以下水的战船，他带上了三十艘这样的战船；其中有二十艘五桨座战船，十艘三桨座战船。他安排七千名志愿兵登上了船，因为元老院不敢妨碍他，却又渴望妨碍他，不准他征兵。

面对重重困难和他想要拯救之人的妨碍，他要如何接收这群无组织的志愿兵,并把他们训练成一支有战斗力的远征军的核心,这个故事在我们国家的历史上也有一个值得注意的类似例子。西西里岛是西庇阿的肖恩克利夫军营(Shorncliffe Camp)[1],他在这里锻造了终将刺向迦太基心脏的武器。但西庇阿与拿破仑战争中的约翰·摩尔爵士(Sir John Moore)不同,他要亲自运用凭自己的天才创造出来的武器,用它对汉尼拔势力造成致命打击。他的眼光洞穿了遥远的未来,这种素质或许胜过其他所有伟大的指挥官,使他能够认识到,在战术上取得胜利的关键在于拥有一个优秀的、能够起到决定性作用的机动兵种——骑兵。要想正确认识到这一点,他必须打破一种强大传统的束缚,因为罗马的军事伟业从本质上讲,是建立在她的军团步兵的力量上的,然而这一点根本不足以赞美他的天才。罗马漫长而辉煌的史册便是军团步兵战力的证明,而我们只在西庇阿穿过历史舞台的短暂过程中发现了对这一传统的真正突破,即两个兵种之间的一种平衡,在这种平衡下,一个兵种用于固定,另一个兵种用于决定性的机动,两种力量调配均衡,结合使用。尽管老式武器在目前的形式下已被证明无效,但在机械化的边缘瑟瑟发抖的现代的军事参谋们还是不敢纵身一跃,而西庇阿给他们上了一堂实物教学课,因为没有任何军事传统像军团一样悠久、一样光辉灿烂。从到达西西里岛开始,西庇阿就专心致力于培养一支优秀的骑兵,而扎马也证明了西庇阿是正确的,在那场战役中,汉尼拔的决定性武器被用来对付他自己了。

当西庇阿带着仅有的七千名杂牌志愿兵登陆西西里岛时,这个目标看上去是多么难以企及。然而在几天之内,事情就有了初步的

---

[1] 位于英国肯特郡的一座大型军营,始建于 1794 年。拿破仑战争期间,约翰·摩尔爵士曾在这里训练威灵顿公爵麾下的轻步兵。一战期间,这座军营被用作前往西线作战的部队的补给站和新兵训练营。——译者注

进展。西庇阿立即将他的志愿兵编组为步兵中队和百人队，还选出了三百人晾在一边。没有武器，也没有像他们的战友那样被分派到百人队中，他们的困惑可想而知。

接着，他指定三百名出身高贵的西西里青年随他前往非洲，并定下了一个日子，让他们带着马匹和武器装备到场。被指名参加一项如此危险的冒险事业，这份荣誉吓坏了他们和他们的父母，他们极不情愿地接受了检阅。西庇阿对他们说，他听到了一些传言，说他们很讨厌这份苦差事，与其带上这帮不情不愿的战友，他宁愿他们公开表明心意。他们中的一个人马上抓住了这个可以脱身的漏洞，西庇阿随即解除了他的兵役，并承诺找一个人来代替他，条件是他要交出自己的坐骑和武器，并训练他的替代者御马和使用武器。这个西西里人欣然接受，其他人见将军并没有对他的行为见怪，便也纷纷效仿。通过这种方式，西庇阿获得了一支罗马精锐骑兵的核心力量，"没有花国家一分钱"。

他接下来的举措不仅显示出他是如何让自己的每一个步骤都趋于最终目标的，还显示出他对先见之明在确保未来行动方面的重要性有着何等深刻的认识。他派莱利乌斯对非洲进行了一番预先侦察，为了不减少他正在积累的资源，他修理旧船用于这次远征，把新船拖到岸上，在帕诺穆斯（Panormus）过冬，因为这些船是用未干的木材匆匆赶制的，这也是没办法的事情。此外，他把军队分配到各个城镇后，命令西西里岛各城邦为部队提供军粮，把自己从意大利带来的军粮储存了起来——甚至在给养的细节上也要节约战力。西庇阿深知，战略取决于给养，如果食物得不到保障，再怎么令人眼花缭乱的机动也可能一事无成。

再者，一次进攻，无论是战略还是战术进攻，都必须从一个安全的基地开展——这是战争的一项基本原则。"基础"（Basis）一词或许更好一些，因为人们容易对"基地"（base）作狭隘解释，然而事实上它包括国内外地理基地的安全，以及给养和机动的安全。1814 年的拿破仑和 1918 年的德国人，都是因国内基地不稳，导致进攻行动紊乱。因此，西庇阿如何试图通过他的准备措施确保这种安全，就很值得玩味了。他发现西西里岛，特别是叙拉古（Syracuse），正遭受着因战争而起的内部不满和混乱。在那场著名的围城战[1]之后，叙拉古人的财产被贪婪的罗马人和意大利人夺走了，尽管元老院颁布了法令，要求物归原主，但对方一直没有归还。西庇阿早早便抓住机会去了叙拉古，他发布公告，甚至对那些依然紧紧抓住掠夺而来的财产不放的人采取直接行动，将他们的财产归还给了市民，因为他"认为最重要的是维护人们对罗马承诺的信任"。这一正义之举在整个西西里岛产生了广泛的影响，不仅保证了他的基地的安定，还赢得了西西里人的积极支持，他们为他的远征军提供了物资装备。

与此同时，莱利乌斯已经在距离迦太基约 150 英里的希波城（Hippo Regius，今邦纳）[2]登陆。按照李维的说法，这个消息让迦太基陷入了恐慌，市民们以为西庇阿是亲率大军登陆，并预料到他会立即向迦太基进军。要击退对方似乎毫无办法，因为他们自己的人民没有受过战争训练，他们雇佣军的忠诚也很值得怀疑，在非洲的首领中，西法克斯自从与西庇阿会谈后就疏远了他们，马西尼萨则已经与他们公开为敌。直到有消息传来，称入侵者是莱利乌斯而不是西庇阿，而且他的部队只够实施突袭时，恐慌才有所缓解。李维还告诉我们，迦太基人利用这个喘息之机，向西法克斯和非洲的其他首领派

---

[1] 罗马人于公元前 213 年对倒向迦太基的叙拉古展开围城战，并于次年攻占该城。——译者注

[2] 邦纳（Bona）是这座城市在本书成书年代的旧称，该城现名安纳巴（Annaba）。——译者注

出了使节，意在强化他们的联盟，还向汉尼拔和马戈派出了特使，敦促他们利用罗马人的恐惧心理，把西庇阿留在国内。马戈此前已在热那亚（Genoa）登陆，但由于兵力太弱，无法采取有效行动，为了鼓励他向罗马进军、与汉尼拔会师，迦太基元老院给他送来了七千人的部队，还有雇用辅助兵的钱。

如果这些都是真的，那么从表面上看，西庇阿好像是错过了一个机会，通过莱利乌斯的这次突袭让迦太基人提高警惕也很不明智，而据称马西尼萨说过的一番话也强化了这种印象。因为李维说，马西尼萨带着少许骑兵来见莱利乌斯，并抱怨"西庇阿行动拖沓，还没有把军队派到非洲去，而此时的迦太基人惊魂未定，西法克斯也正陷在与邻国的战争中，还拿不准应当站在哪一边；如果给西法克斯留出时间解决他自己的事情，那么他就不会对罗马人守信"。而后，马西尼萨恳求莱利乌斯敦促西庇阿不要拖延，他自己也承诺，虽然被赶出了自己的王国，但还是会带领一支骑兵和步兵与西庇阿会合的。

然而当我们从军事角度审视这种情况时，事情便呈现出了另一番模样。莱利乌斯在离努米底亚最近的港口登陆，那里不但离迦太基有150英里远，中间还有一条宽阔的丘陵地带。而西庇阿本人登陆地点距离迦太基只有约25英里远。因此，莱利乌斯的远征绝不可能是为了侦察迦太基的情况，我们可以明确推断出，这次侦察是为了掌握非洲各国的状况和感情，西庇阿希望能在这些国家中找到盟友，特别是要与马西尼萨取得联系。正如我们已经表明的那样，西庇阿已经意识到，在骑兵这一兵种上占据优势是战胜迦太基人的关键，他要依靠这位努米底亚首领为他提供骑兵的主要来源。他欣赏后者在西班牙战场上出色的骑兵统率力，这促使他把马西尼萨争取过来。因此本来就存在这样一种可能性，即莱利乌斯的任务主要是去弄清楚当罗马军队踏上非洲大地时，这位努米底亚人是否真的会坚守他的新联盟,如果会的话,他又能提供什么资源。如果迦太基人真的被一场如此遥远的突袭吓慌了,那么这一事实反倒有助于证实西庇阿攻击迦太基将取得士气优势的观点。至于由此给出的警告,让迦太基人提高警惕所带来的危险,西庇阿在元老院的讲话和他的准备工作早就已经给出警告了。颇不情愿的元老院好不容易才同意了他的远征,而远征所需的兵力和资源也得不到国家的帮助,只能自行筹集,在这种情况下,战略上的偷袭从一开始就不可能。这里体现了立宪制在交战时的一些长期弊端。西庇阿最大的优点之一,就是他虽然缺乏政治控制这项巨大的资产,却取得了最具决定性的结果。整个战争史上,最成功的伟大名将都是专制君主或独裁者,身为共和国公仆的他是唯一的例外。无数历史学家对汉尼拔因缺乏国内支持而遭遇的困难甚是同情,并把他所有的挫折都归咎于迦太基元老院。似乎没有一个人强调过西庇阿的类似困难。然而对罗马来说,派遣援军没有任何物理上的困难,迦太基倒是可以以此为借口。西庇阿在西西里岛耽搁一年,为远征做准备,原因无疑是罗马元老院对他缺乏支持——岂止是缺乏支持,根本就是积极反对。他必须在西西里岛和非洲独自寻获自己的资源。马西尼萨如果真有如此怨言,那么他的抱怨是多么无凭无据、不讲道理,从以下事实中便能看出:公元前204年,当西庇阿在非洲登陆时,引用蒙森的话说,这位"没有国土的国君起初带给罗马人的援助,除了他的个人能力之外别无他物"。当大胆方为上策时,很少有将军能像西庇阿一样大胆,但他时刻谨记安全原则,绝不会在把自己武装好、通过训练把武器调整好之前就贸然出手。奇怪的不是西庇阿耽误了一年时间,而是他竟然这么快就开动了,而且他所率领的这支部队相对于他的任务范围来说,即使训练得并不弱,在数量上也还是很弱。但这种看似鲁莽的行为,却因他登陆之后的战略而得到了保障,扎马就是明证。批评西庇阿在公元前205年拖拖拉拉，与斥责他在公元前204年只带一小支军队航行至非洲有失轻率的，竟然是同一批历史学家，这简直是在讽刺他们那些判断的价值！这些历史学家中就包括道奇（Dodge）[1]，他在论及前一个年份时说："西庇阿似乎并不想尽快处理这项事务。在这一点上，他很像麦克莱伦（Mcclellan）[2]，他的名望也与后者相类似。"后面论及西庇阿登船时，道奇又说："有些将军会宣称这些兵力还不够；但西庇阿自信满满，只要没有遇到严峻考验，这份自信倒是能补充物质上的实力。"这样的批评无异于批评者自己打自己脸。

---

[1] 即美国著名军事史学家西奥多·道奇（Theodore Dodge，1842—1909），本段的引文出自他的《汉尼拔》（Hannibal）。——译者注

[2] 美国南北战争时期北军著名将领，因在安提塔姆战役（Battle of Antietam）中未能果断追击罗伯特·李率领的南军而声望大跌。——译者注

第八章　　政治上的一次闪失

　　莱利乌斯归来和登船前往非洲之间的这段时期,除了物资准备外,还发生了两件大事。其一是西庇阿在洛克里(Locri)表面上的"节外生枝";其二是一度有可能毁了他和他的计划的政治纷扰。两者都值得研究,因为它们说明了他作为一名指挥官和为人的品格。

　　洛克里位于意大利的脚趾下[今杰拉切(Gerace)附近],被汉尼拔占据着。弟弟哈斯德鲁巴在梅陶罗河(Metaurus)战败后,汉尼拔退守意大利最南端的布鲁提乌姆(Bruttium)地区,在这里牵制住了执政官的军队,他们不敢上前找出山寨里那头伤痕累累但不屈不挠的狮子。

　　一些出城的洛克里人被罗马突击队俘获,带到了雷吉乌姆——那个与西西里岛隔海相望的港口——在那里,他们被亲罗马的洛克里贵族认了出来,这些贵族是在他们的城市落入迦太基人之手时来到雷吉乌姆避难的。这批俘虏中有一些熟练的工匠,一直受迦太基人雇佣和信任,他们表示,如果把他们赎回去,他们愿意将洛克里的城堡拱手相让。贵族们急于夺回他们的城市,立即赎回了这些工匠,并在商议好计划和暗号后,将他们送回了洛克里。然后,贵族们去叙拉古找西庇阿,向他告知了这一计谋。他看到了机会,派出一支由三千人组成的分遣队，在两位军政官的带领下进行这次冒险。他们与城内的阴谋者互通了暗号，大约在午夜时分，梯子被放了下来，进攻者涌上了城墙。由于是偷袭，他们可以以少打多，惊慌失措的迦太基人从这座城堡逃到了城内较远一边的第二座城堡。几天里，双方进行了多次交锋，但并没有取得决定性的结果。汉尼拔察觉到他的守军所面临的危险，也意识到他很有可能失去一个重要据点，遂前往救援，派了一名信使在前面传令，要求守军在黎明时分突围，为他所期望的奇袭提供掩护。可是他没带云梯，因此被迫将进攻推迟一天，用来准备云梯和其他攻城物资。

在墨萨那（Messana）的西庇阿得知了汉尼拔的动向，计划进行一次反偷袭。他把他的兄弟留在墨萨那坐镇指挥，自己带领一支部队登船，趁着下一次潮汐起航，在夜幕降临前不久到达了洛克里港。夜间，部队藏身在城里，之所以可以这样隐蔽，是因为市民偏向罗马人，虽然并没有公开站在罗马人一边。第二天一早，在迦太基人从城堡发起突围的同时，汉尼拔也发动了进攻。当汉尼拔军扛着云梯前进时，西庇阿从一座城门杀出，从侧面和后面攻击迦太基人。偷袭所造成的冲击使迦太基人乱了阵脚，汉尼拔的计划也被打乱了，他退回了自己的营地。他认识到，掌握着这座城市的罗马人已经控制了局势，于是趁着夜色撤退，并通知城堡里的守军尽力逃出生天，与他会合。

对西庇阿来说，这场"节外生枝"是一笔非常实际的资产。除了与可怕的汉尼拔第一次交锋便取得成功，甚至在这位诡计大师面前耍了个花招，由此获得了个人声望以外，他还进一步压缩了汉尼拔在意大利残存的据点，以此协助罗马在意大利的作战——而他自身的兵力却完全没有减少。但是，除了这些个人和间接的收益之外，他的成功对他自己未来的作战计划也有重要影响。因为他让自己的部队在对阵汉尼拔时"开了荤"，并通过这次成功的作战鼓舞了他们的士气,这将在今后的关键时刻发挥巨大作用。遗憾的是,对于这一事件,和莱利乌斯在非洲的侦察一样,波利比乌斯并没有向我们透露西庇阿的举措是出于怎样的动机和盘算。波利比乌斯关于这段时期的著作已经佚失,我们只能通过事实和对西庇阿的心态已有的认识进行推断,以此来代替。他在西班牙作战期间,始终都在高瞻远瞩地利用士气因素,关注这方面的人几乎不会怀疑,他抓住洛克里远征这个天赐良机,不仅是为了检验和磨利他为审判之日准备的武器,也是为了在他的部队中消除汉尼拔不可战胜的印象。

第二件事源于后续对收复的洛克里的施政。当西庇阿派出最初的那支部队夺取这座城市时,他曾指示雷吉乌姆同裁判官昆图斯·普莱米尼乌斯(Quintus Pleminius)去协助那支部队的军政官,而在洛克里被攻占后,普莱米尼乌斯凭借资历执掌指挥权,直到西庇阿到来。击退汉尼拔的援军后,西庇阿回到了西西里岛,普莱米尼乌斯自然而然地留下来担任这座城市及其防务的总指挥,不过来自西西里岛的分遣队仍由原来的军政官直接指挥。

普莱米尼乌斯对这份信任的辜负可谓罗马历史上最肮脏的一页。可怜的居民因他的暴政和贪欲而遭受的痛苦,比迦太基人带给他们的还要严重——他们帮助罗马人收复了这座城市,这简直是恩将仇报。指挥官树立的坏榜样也感染了军队,他们对掠夺的贪念不仅骚扰市民,还不可避免地导致了军队内部的骚动。似乎是军政官在努力制止这种日益严重的放纵,维护真正的军纪规范。普莱米尼乌斯的一名部下从一户人家偷了一只银杯,被主人追赶,逃跑时遇到了军政官。他们拦住了他,收走了杯子,于是他的战友们对军政官破口大骂,骚乱很快便以军政官麾下士兵和普莱米尼乌斯麾下士兵之间的混战告终。普莱米尼乌斯那边的人吃了亏,便请求他们的指挥官帮忙出头,还拿对方指责他行为和管理方式的那些话来刺激他。

普莱米尼乌斯遂下令把军政官带到他面前,剥光了衣服棒打。拿棍子、脱衣服稍微耽误了一些时间,在此期间,军政官向他们的部下求助。他们的部下从四面八方火速赶来,看到眼前这一幕,顿时火冒三丈,浑然不顾遵规守纪的习惯,将愤怒发泄在了普莱米尼乌斯身上。他们把他从他那帮人中拉出来,砍下了他的鼻子和耳朵,只给他留了一口气。

当骚乱的消息传到西庇阿这里时,他立即起航前往洛克里,召开了审讯会议。我们对他判决的证据和缘由一无所知。唯一流传下来的是这样一个事实,他宣告普莱米尼乌斯无罪,恢复了他的指挥权,并宣判军政官有罪,下令把他们打入大牢,送回罗马交给元老院处理。然后,他回到了西西里岛。

这个判决似乎有些惊人,事实上,这是西庇阿的判断力唯一的大败笔。促使他作出这个判决的动机很难猜测。也许部分原因是可怜被砍去耳鼻的普莱米尼乌斯,再加上对自己部下表现出如此不像话的反抗态度并犯下如此暴行而感到愤怒。对自己直接下属的不端行为,要比对只是隶属于他的人的不端行为更严厉,这是顶级指挥官天生的本能,而当这两类人之间产生争执时,这样的指挥官就可能会犯错误,因为他要小心翼翼地维持公正的天平,避免偏袒自己人。据说1914 年至 1918 年的那场战争中最优秀的英军指挥官之一,如果他个人不喜欢或者不信任一名下属,就一定会给这名下属比别人更多的行动自由,因为他知道,如果他的不信任理由充分的话,这名下属肯定会利用这份自由把自己作死。西庇阿这个看似令人费解的判决,也可能是出于类似的潜在动机。历史学家在批评它时,不仅要考虑我们对这个案子认识上的空白,也必须根据西庇阿作为指挥官所有被记载下来的行为,从总体上看待这一事件。正如我们所看到的,所有证据都表明西庇阿有两个特别突出的品质,一是他对人心的敏锐理解，二是他对被征服者的人道精神。信任普莱米尼乌斯或者赦免暴行，是最不可能发生在他身上的，因此，在他的决定所依据的事实缺乏证据的情况下，对他的行为作出不利判决未免有些草率。

我们也不要忘了，洛克里位于意大利，因此是在他的行省之外，对当地行政密切关注的话，就只能牺牲他的主要目标——为远征非洲作准备。

洛克里事件的重要性并不在于展示西庇阿的性格，而是作为让他的军事计划几乎触礁沉没的那块政治礁石。这一切是如何发生的，可以简单讲一下。西庇阿离开后，普莱米尼乌斯认为西庇阿对自己承受的伤痛处理得过于轻描淡写，便违背了后者的指示。他叫人把军政官拖到自己面前，将他们折磨致死，甚至拒绝让他们血肉模糊的尸体下葬。他的伤口还在隐隐作痛，于是他试图通过加重洛克里人的负担来为自己报仇。走投无路的洛克里人向罗马元老院派出了一个代表团。他们的使节在执政官选举不久后抵达，而这次执政官选举也标志着西庇阿任期的结束，虽然他还要继续在西西里岛掌兵。他们讲述的悲惨遭遇在罗马掀起了一场民愤风暴，而反对西庇阿的元老们也毫不迟疑地将矛头对准了名义上的责任人。费边问他们有没有向西庇阿控诉过这件事，由此把节奏带了起来，这也不足为奇。按照李维的说法，使节回答说："我们派了代表去见他，但他忙于备战，要么是已经渡海前往非洲，要么是马上就要起程。"他们又补充道，他之前在普莱米尼乌斯和军政官的事情上作出的决定，让他们觉得前者在西庇阿那里很受宠。

费边得到了他想要的答案，使节离开后，他赶忙谴责无法为自己辩护的西庇阿，宣称"他生来就是为了败坏军纪。在西班牙，他因哗变而损失的人马几乎比因战争而损失的还要多。他效仿外国人和国王的做法，放任士兵们为非作歹，然后又残酷地惩罚他们"。费边在这番恶毒的发言后，又提出了"一个同样严厉的决议"。那就是"将普莱米尼乌斯戴着镣铐押送到罗马，让他戴着镣铐为自己辩护；如果洛克里人的控诉属实，就应该把他关进监狱处死，将他的财产充公。普布利乌斯·西庇阿也应该被召回，因为他未经元老院允许就离开了他的行省"。

随后便上演了一场激烈的辩论，在辩论中，"除了普莱米尼乌斯的残暴行为外，元老们还对将军本人的衣着大肆评论，说他的衣着不仅不像个罗马人，甚至不像一名军人"。他的批评者们抱怨说，"他穿着希腊披风和凉鞋在体育馆里走来走去，把全部时间都用在了看闲书和摔跤上。他的全体幕僚都在叙拉古寻欢作乐，和他一样懒散、娇气。他已经把迦太基和汉尼拔忘在脑后了"——这又与因为他曾与汉尼拔交战而提议召回他的人的说法有些矛盾。这些人的心胸何其狭隘，又是多么符合人性啊！真正让这些顽固的长辈们不满的，并不是他对普莱米尼乌斯的宽大处理，而是他的希腊文化修养和学识。

但更明智的建议占了上风。梅特卢斯[1]指出，他们委托这个人去结束这场战争，现在却要在本人不在场、没有为自己申诉的情况下召回他，国家这样做多么不合理，更何况洛克里人也作证说他们的苦难都是西庇阿不在的时候发生的。根据梅特卢斯的提案，元老院指派了一个调查委员会去西西里岛拜访西庇阿，如果他已经离开了那里，委员会甚至也要跟到非洲去，如果发现洛克里的那些行为是在他的指挥或同意下实施的，就有权剥夺他的指挥权。这个委员会还负责调查对他治军方式的指控，无论是所谓他自己的懒散作风，还是部下的纪律松懈。这些指控是由加图（Cato）提出的，他除了是费边的

——————————

[1] 此人全名昆图斯·凯基利乌斯·梅特卢斯（Quintus Caecilius Metellus），于公元前206年担任执政官，公元前205年担任独裁官。他与第一章中欲抛弃祖国逃跑的那个梅特卢斯不是同一个人。——译者注

追随者外，还把反对新的希腊文化、铁公鸡式的厉行节约视为自己一生的特殊使命。据称，为了省钱，一旦他的奴隶老得干不了活，他就把他们卖掉，他对妻子的尊重与对奴隶没什么两样，他把他忠诚的战马留在了西班牙，只因不愿承担运到意大利的费用。在西西里岛担任西庇阿手下的财务官时，他责备他的将军对手下将士过于慷慨大方，直到西庇阿把他打发走，于是加图闷闷不乐地回到了意大利，与费边一起在元老院从事反浪费运动。

委员会首先来到了洛克里。普莱米尼乌斯已经被关进了雷吉乌姆的监狱，根据一些说法，是被西庇阿关进去的，他派了一名副将带着一支护卫队去抓他和他的主要帮手。在洛克里，财产和公民权被归还给了市民，他们也欣然同意派代表去罗马提供对普莱米尼乌斯不利的证据。市民们虽然也被邀请去控告西庇阿，但他们拒绝了，说他们确信对他们造成的伤害既不是奉他的命令，也没有得到他的批准。

委员会就此摆脱了调查这些指控的责任，但还是去了叙拉古，想要亲眼看到他所统率的军队情况。在一场大型军事冒险前夕进行这样一番政治调查，在历史上不乏类似的例子——最近的一次是尼维勒（Nivelle）事件[1]——而这些调查往往会对指挥官的信心和下属对他的信心产生灾难性的影响。但西庇阿经受住了考验。"当他们在前往叙拉古的路上时，西庇阿准备用事实而不是言语来自证清白。他命令所有部队在叙拉古集结，舰队也要作好准备，仿佛要在那天与迦太基人进行一场海陆联合作战似的。他们到达的那天受到了他的

---

[1] 第一次世界大战期间，法军总司令罗贝尔·尼韦勒在西线指挥对德攻势。行动前，法军多名高级将领和战争部长都很担心即将到来的战役，并调查了尼韦勒手下的几位将军，他们也对该计划表示怀疑，而尼韦勒也承受着巨大的压力。最终，战况并没有像预期的那样发展，反而造成了巨大的伤亡，并引发了法军的大哗变。——译者注

盛情款待，次日，他就把他的陆军和海军呈现在他们眼前，不仅队列井然有序，陆军还进行了野战演练，而舰队则在海港里打了一场模拟海战。随后，他带领裁判官和代表们参观了军械库、粮仓和其他战备物资。他们对其中的每一个项目和整体情况都赞不绝口，坚信这位将军指挥的这支军队能打败迦太基人，否则就没有其他人能做到了。他们愿诸神保佑他，便渡海……"（李维）。

这些代表并不像 1914 年至 1918 年那场战争中的"长外衣"[1]那样，唯一的出彩之处就是对军事事务的无知。他们和大多数罗马人一样，是受过军事训练、有过从军经历的人，没有什么"表面文章"能骗得了他们。面对这样的判断，像蒙森这样有名望的历史学家，此时竟也再次轻信了费边恶意满满的指控，并把西庇阿未能维持纪律的观点化作自己的观点重复了一遍，这简直令人咋舌。只有对军事一无所知的外行历史学家，才会以为一支放任自流的军队能够完成罗马人复杂的战斗训练，并且将战前准备工作开展得如此卓有成效，不仅得到了这个专家委员会的肯定，还激起了他们的热情。

他们回到罗马后盛赞了西庇阿，致使元老院投票决定授权西庇阿远征非洲，并允许他从西西里岛的军队中自行挑选他想要带去的部队。这不情不愿、姗姗来迟的许可的讽刺之处在于背后的潜台词。他得到了他们的祝福，仅此而已。对于如此重大的一场冒险，元老院对他的支持甚至不及迦太基对汉尼拔的支持。在罗马军队中，除了他自己的志愿兵以外，他在西西里只有第五和第六军团，也就是那些曾在坎尼作战的残兵，他们因战败而受罚，被判流放西西里服役。如果是一个不那么通情达理的指挥官，很可能不太愿意依靠像这样被

---

[1] 代指文官政客，长外衣是他们在 20 世纪初的典型穿着。——译者注

贬黜的部队。但是"西庇阿完全不觉得这样的士兵有什么不光彩的，因为他知道坎尼之败并不能归咎于他们的懦弱，而且罗马军队中也没有其他士兵服役如此之久，或者对各种类型的战斗有如此丰富的经验"。他们这些人全都心急如焚，想要抹去不公正的耻辱污点，当他宣布要带上他们时，已有十足的把握，以此证明了自己对他们的信任和大度之后，他已经赢得了他们的赤胆忠心。他"一个一个地"检阅他们，把那些不适合服役的人放在一边，用自己的人填补他们的位置，使每个军团的兵力达到了6 200名步兵和300名骑兵。

罗马人对登船总兵力的记载差别很大，即使是在李维的时代，这种不确定性也大到使他宁可不予置评。最小的估计是1万步兵和200骑兵[1]；第二种估计是1.6万步兵和1 600骑兵；第三种，也是最大的估计，是总兵力3.5万人，包括骑兵和步兵。第一种已经被前述事实驳倒，这些事实似乎表明第二种才是正确的估计。无论如何，对于想要达到的目标来说，这样的兵力确实不太够。

公元前204年的西庇阿和公元1630年的古斯塔夫·阿道夫（Gustavus Adolphus）[2]的境况和兵力惊人地相似，那一年，这位瑞典国王渡过波罗的海打击神圣罗马帝国势力的中心。而每一支部队，尽管规模很小，却都被指挥官的练兵才能和个人魅力焊接成了一件上好的战争工具——日后扩张的骨骼或框架。这次远征及其辉煌战果，完全是西庇阿的计划和功劳，可以引用蒙森这位完全算不上友好的证人的话来恰如其分地说明这一点："很明显，元老院并没有指派这次远征，只是予以许可：西庇阿得到的资源还不及从前交由雷古

---

[1] 原文如此，但李维的原文中为2 200骑兵。——译者注
[2] 瑞典国王，于1630年介入三十年战争，率军登陆德意志北部时只有四千兵力。——译者注

卢斯(Regulus)[1]指挥的一半,而他得到的正是多年以来被元老院故意贬黜的军队。在元老院的大多数人看来,这支非洲军队就是被降格的队伍和志愿兵组成的敢死队,无论如何,国家对他们的伤亡都没有什么好惋惜的。"然而竟然有很多历史学家断言,罗马在布匿战争中取胜是由于国家对将军们的大力支持,而迦太基失败的原因则恰恰相反!

西庇阿不仅资力微薄,还需要在得不到罗马援助的情况下征募和训练他的远征军,因此被迫耽搁了一年的时间,这次耽搁也由于对洛克里事件的调查而进一步迁延,而在这一年里,非洲的形势也恶化了。吉斯戈之子哈斯德鲁巴从西班牙回来后,把女儿索芙妮丝芭(Sophonisba)嫁给了西法克斯国王,将西庇阿最近对国王产生的影响力化为乌有,并使西法克斯重新与迦太基结盟。哈斯德鲁巴仍然担心西法克斯会遵守对西庇阿的旧有承诺,他"趁这位努米底亚人为爱情昏了头,叫新娘帮忙吹吹枕边风,说服他遣使到西西里去见西庇阿,并通过他们警告他'恪守之前的承诺,不要染指非洲'"。西法克斯借使节之口恳求西庇阿去别的地方继续这场战争,好让他保持中立,并补充说,如果罗马人过来,他将被迫与之交战。

激情打败了外交。可想而知,这个消息对西庇阿来说是多么大的打击。然而他依然决定完成他的计划,只是要设法抵消西法克斯的背弃被公之于众的话可能对士气造成的伤害。他尽快把使节打发回去,并严厉提醒西法克斯履行条约义务。此外,西庇阿意识到使节已经被很多人看到了,如果他对他们的这次来访保持沉默,谣言便会不胫而走,于是他向将士们宣布,确有使节来访,和马西尼萨先前见

---

[1] 第一次布匿战争期间的罗马统帅,曾入侵北非,直逼迦太基城,迫使迦太基人遣使求和。雷古卢斯提出的和平条件过于苛刻,被迦太基人拒绝。他后来在非洲被迦太基人击败并俘虏。——译者注

到莱利乌斯时一样，都是来催他赶紧入侵非洲的。这个计谋很狡诈，因为真相可能在关键时刻造成士气大跌。西庇阿比1914年的军方当局更聪明，他深谙群众心理，知道被领导者会把领导者的沉默往最坏的方面想，他们以为没有消息就是坏消息，尽管我们的那句谚语可不是这么说的。[1]

---

[1] 指英语谚语"no news is good news"，没有消息就是好消息。——译者注

第九章　　非洲

　　于是在公元前 204 年的春天,西庇阿率军在利利俾(Lilybæum,今马尔萨拉)登船,驶向非洲。据说他的舰队由四十艘战舰和四百艘运输船组成,船上载有够用 55 天[1]的淡水和口粮,其中 15 天的口粮已经做熟。对负责保驾护航的战舰进行了完善的部署,每一类船只在夜间由灯盏区分——运输船有一盏灯,战舰有两盏灯,他自己的旗舰有三盏灯。值得注意的是,他亲自监督部队登船。

　　一大群人聚集在一起为他们送行,其中不仅有利利俾的居民,还有来自西西里的各界代表——以示对西庇阿的敬意——以及留下来的部队。黎明时分,西庇阿发表了告别演说和祷告词,之后,军号吹响了起锚的信号。舰队在强风的吹拂下快速航行,次日早上太阳升起时,他们看到了陆地,可以辨认出墨丘利海岬(今卡本半岛)。西庇阿命令领航员在更靠西的地方登陆,但后来又降下一场浓雾,舰队被迫抛锚。第二天早晨,刮起的大风驱散了雾气,军队在距离重镇乌提卡(Utica)几英里的美丽岬(今法里纳角)登陆。他们在最近的高地安营扎寨,当即保证了登陆安全。

---

[1]　原文如此,但李维的原文中为 45 天。——译者注

这两个海岬组成了一对指向西西里岛的犄角,而这个突入地中海的牛头便是迦太基的领土,也就是现在的突尼斯。两只角相距约35英里,围绕着一个巨大的半圆形海湾,迦太基坐落在海湾中心一个面朝东方的小半岛上。乌提卡就在西边那个犄角尖下面一点点的内侧,城东几英里便是巴格拉达斯河(Bagradas river),其富饶肥沃的河谷是迦太基主要的补给来源。另一个战略要地是位于迦太基半岛与大陆的交界处的突尼斯城(Tunis)——从地理上讲,它位于迦太基西南,但是从军事上讲,它位于东面,因为它横亘在从东侧经陆路到达迦太基的路线上。

　　虽然迦太基人早已料到这次打击,并且每个海角都有瞭望塔,但在乡下地区源源不断的逃难者的刺激下,这个消息还是造成了极度的不安和惶恐。在迦太基,人们采取了紧急防御措施,仿佛西庇阿已

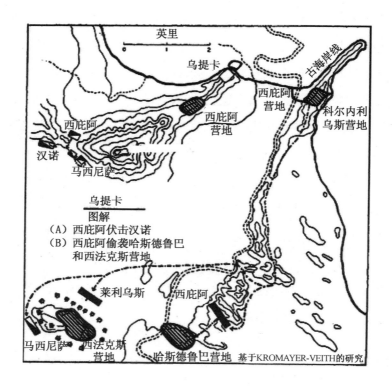

然兵临城下。这位罗马人首先要做的,显然是得到一个安全的作战基地,为了达到这个目的,他的第一步行动瞄准了乌提卡。他的舰队立即被派往那里,而陆军则经陆路行进,他的骑兵前哨遭遇了一支由五百名迦太基人组成、被派去侦察和阻止罗马人登陆的骑兵队。激战过后,这些人被赶跑了。还有一个更好的兆头是马西尼萨的到来,他信守诺言,与西庇阿会合了。李维说,他撰史所用的早期资料对马西尼萨的援兵兵力说法不一,有的说他带来了两百名骑兵,还有的说是两千名。李维认可较小的估计数字,理由也很充分,因为马西尼萨从西班牙回来后,被西法克斯和迦太基人联手赶出了他父亲的王国,在过去的一年多时间里,为了躲避追杀,他一直在到处辗转。作为一名流亡者,他从上一次战斗中逃生时,只带了六十名骑兵,他不太可能把追随者队伍发展得多么壮大。

与此同时,迦太基人又派出了以努米底亚人为主的四千骑兵,以抵抗西庇阿的前进,并为西法克斯和哈斯德鲁巴的援兵争取时间。他们向这位盟友和他们在非洲的主将发出了加急报。汉诺[1]率领这四千骑兵占领了离乌提卡附近的罗马军营约15英里的小镇萨拉艾卡(Salæca),据李维称,西庇阿听闻此事后,说:"什么?骑兵夏天竟然住在宅子里!他们有这样的指挥官,人数再多又怎样。""他断定,对方的行动越是拖沓,他就越是应该积极主动,于是他派马西尼萨带领骑兵前往,令其赶到敌人的城门前,引他们出战,当他们倾巢而出、全力进攻时,再逐渐撤回。"西庇阿自己则按兵不动,等到他认为时间足够让马西尼萨的先遣队引出敌人了,再带领罗马骑兵跟上去,"在一些高地的掩护下行进,没有被发现"。他在两座山脊之间的鞍部北坡、所谓的阿加托克利斯之塔(Tower of Ag-

---

[1] 与第四章中被俘虏的那位迦太基将军汉诺不是同一个人。——译者注

athocles)[1]附近选好了位置。

马西尼萨按照西庇阿的计划，反复进进退退。起初，他引出了小股散兵，然后对他们发动反击，迫使汉诺增援，他再佯装撤退诱敌深入，重复这一过程。最终，汉诺被这些战术伎俩惹火了——这也是后来帕提亚人和蒙古人的典型特征——率领主力部队出击，于是马西尼萨缓缓撤退，沿着山脊的南侧，引导迦太基人经过罗马骑兵藏身的鞍部。当时机成熟时，西庇阿的骑兵突然杀出，包围了汉诺骑兵的侧翼和后方，而马西尼萨则转身从正面攻击他们。打头阵的一千人被围歼，剩下的人中有两千人被俘，或是在猛烈的追击中被杀。

西庇阿乘胜扩大战果，在乡间横行七日，将牲畜和物资洗劫一空，并开辟出一片广阔的不毛之地，作为抵御攻击的屏障。补给和防卫方面的安全也由此得到了保障，于是他集中力量围攻乌提卡，想把这里变成他的作战基地。然而乌提卡注定不会成为第二个卡塔赫纳。虽然他把水兵的海上进攻和陆上突击结合起来，但这座要塞还是让他所有的努力和计谋都落了空。

哈斯德鲁巴这时已经集结了三万步兵和三千骑兵的兵力，但回想起在西班牙的惨痛经历，他没有冒险去解乌提卡之围，一直等到西法克斯的援兵出现。西法克斯终于来了，带着一支据说有五万步兵和一万骑兵的军队，这种威胁迫使西庇阿解除了围城——在整整四十天后。面对如此集中的敌军，西庇阿的处境必定万分危险，但他平安脱身了，并在一个通过狭窄地峡与大陆相连的小半岛上构筑了冬营地。这里位于乌提卡的东边，或者说是靠近迦太基的那边，因此也就是位于任何解围部队的侧翼，此地后来被称为科尔内利乌斯营地

---

[1] 阿加托克利斯（公元前 361 年或前 360 年—前 289 年）是叙拉古僭主，统治期间与迦太基战争不断，曾经入侵非洲，直逼迦太基本土，在乌提卡附近修建了一座塔。——译者注

（Castra Cornelia）。随后，敌人在更东边约 7 英里处安营扎寨，占据了通往巴格拉达斯河的路径。

如果说西庇阿登陆非洲和古斯塔夫登陆德意志有什么相似之处，那么他们在敌人土地上第一个作战季的行动还有一个更醒目的相似之处。在非军事批评家看来，他们的作战与他们出发时公开宣称的目标相比，范围都显得很有限。两位将军都被批评为过度谨慎，即使还没到优柔寡断的地步。而这两位将军不仅从结果上看是有道理的，从战争科学上看也是有道理的。西庇阿和古斯塔夫一样，不会为了无法控制的理由而调整手段以达成目的，他们表现出了一种稀世罕见的战略素养——调整目的以适应手段。他们的战略预示了拿破仑的那句名言："战争之道全在富有章法、谨慎小心的防守，然后是大胆而迅速的进攻。"他们两人都是先设法为进攻打下基础，然后是获得一个安全的作战基地，在那里，他们可以通过各种手段积攒足够的兵力，确保达成目的。

众所周知，古斯塔夫是一位优秀的古典学研究者：他在 1630 年的战略或许是有意识地运用了西庇阿的方法？古斯塔夫的这次作战也并非历史记载中唯一在军事上与西庇阿相似的例子。因为 1810年威灵顿构筑托里什韦德拉什防线（lines of Torres Vedras）并撤退到防线后方，大败法军集中的优势兵力，这一行动无论是在地形上还是在战略上，都使人清晰地回忆起西庇阿面对西法克斯和哈斯德鲁巴的兵力集中时所采取的行动。

这次安全撤退后，西庇阿整个冬天都在一门心思积蓄力量和储备物资，以备来年春天的作战。除了在前期的掠夺行军中收集到的谷物外，他还从撒丁岛获取了大量的谷物，又从西西里岛获取了新的衣物和武器储备。他的登陆取得了成功，他对企图在战场上迎击他的迦太基人予以痛击，最重要的是他驱散了这片未知之地的恐怖迷雾，证明了那些自作聪明之人的恐惧毫无道理，他坚守在令人望而生畏的非洲大地上，虽然兵力很少，却几乎打到了迦太基的城门口——所有这些因素结合在一起，扭转了舆论趋势，也驱使国家给予他充分的支持。罗马向西西里岛派出了换防部队，以便他能够用起初留下来的地方防卫部队来补充兵力。

但他和往常一样，在谋求壮大自身兵力的同时，并没忽略减少敌人兵力的重要性。他重启了与西法克斯的谈判，"他认为西法克斯对新娘的激情此时或许已经在无尽的欢愉中得到了充分满足"。他在谈判中受挫了，因为虽然西法克斯甚至提出了迦太基人从意大利撤军以换取罗马人从非洲撤军的和平条件，但如果战争继续下去，他对放弃支持迦太基不抱任何希望。西庇阿根本不会去考虑这样的条件，却只以一种有所保留的态度予以拒绝，以便为他的使节访问敌营留一个借口。原因是他已经想出了一个计划，可以削弱敌人的力量，并先发制人，由于敌人人数上的巨大优势，他很担心这次进攻。他早先派去西法克斯那里的一些信使报告说，迦太基人的冬季营房几乎全是用木头搭建的，而努米底亚人的冬季营房则是用茅草和席子混搭而成的，布局混乱，间距也不合适，甚至有一些盖到了营地的防御墙外面。这个消息让西庇阿萌生了火烧敌营、趁乱发动偷袭的想法。

因此在后来的使团中，西庇阿派出了一些老练的侦察兵和出类拔萃的百夫长，打扮成军官的仆从。商议正在进行时，这些人就在西法克斯的营地和哈斯德鲁巴的营地中到处游荡，记下这两座营地的出入口，并研究两座营地的总体布局、二者之间的距离、卫哨换岗的时间和流程。每一次出使，都会派出一批不同的侦察兵，以便让尽可能多的人熟悉敌营的状况。西庇阿根据他们的报告断定，西法克斯的营地比较易燃，也比较容易攻打。

然后他又遣使到希望讲和的西法克斯那里去，他们奉西庇阿之命,在没有得到对于所提条件的明确答复之前不可以回去,他们说,到了这个时候,要么达成协议,要么大动干戈。西法克斯与哈斯德鲁巴商议之后,他们看上去是决定接受协议了,于是西庇阿又提出了进一步的条件,用这种办法来终止停战协定是很合适的,他在第二天做了这件事,通知西法克斯说,虽然他本人想要讲和,但军事会议上的其他成员全都反对。他通过这种方式,在不失信于人的情况下获得了执行这项计划的自由,尽管他确实尽可能地接近了战略计谋与阴谋诡计之间的界限,但并没有越界。

西法克斯对谈判破裂大为恼火,立刻与哈斯德鲁巴商议,他们决定采取攻势,向西庇阿挑战,如果可能的话在平地上交战。但西庇阿随时可以出击,他的准备工作已经完成。甚至在最后的准备工作中,他还试图迷惑和误导敌人,以便使他的偷袭更有效果。他向部队下达的命令中说,偷袭的目标是乌提卡;他让船只下水,并在船上安装了攻城机械,好像他是要从海上攻打乌提卡,他还派两千步兵去夺取一座俯视该城的山丘。此举有双重目的——使敌人相信他的计划针对的是乌提卡,并吸引城内守军的注意力,防止他们在他出兵攻打敌营时出击并攻打他自己的营地。他集中多数兵力进行决定性打击,只留下少量兵力守卫营地,这样便能实现战力节约,而且他在贯彻出其不意原则时,又一次不忘安全原则。他把敌人的注意力固定在了错误的方向上。

大约在中午时分,他召集最能干、最可靠的军政官开会,透露了他的计划。他把去过敌营的军官叫到会上。"他仔细询问了他们,比较了他们对营地出入口的描述,把决定权交给了马西尼萨,因为马西尼萨本人对那片土地很了解,所以西庇阿听从他的建议。"然后,他命令军政官早点让部队吃晚饭,在"撤退"的号角照常响起后带领军团出营。在这一点上,波利比乌斯补充了一个有趣的注解,"罗马人的习惯是晚饭时间号手在将军帐外吹号,作为各岗哨开始夜间值勤的信号"。

大约在第一班岗时,部队按行军队形列队,开始了七英里的行军,大约在午夜时分到达了间距刚刚超过一英里的两座敌营附近。西庇阿随即分兵,把所有努米底亚兵和一半军团兵交给莱利乌斯和马西尼萨指挥,命令他们去袭击西法克斯的营地。他首先把两位指挥官叫到一边,叮嘱他们务必小心,强调"在夜袭中,黑暗越是妨碍视力,就越要胆大心细,弥补视力的缺陷"。他还告诉他们,自己要等到莱利乌斯放火烧掉西法克斯的营地时才会对哈斯德鲁巴的营地发起攻击,为此,他率领自己的人马慢速行军。

莱利乌斯和马西尼萨兵分两路,从两个方向同时袭击营地——集中式机动——马西尼萨还派他的努米底亚兵堵住了各个逃生出口,因为他们很了解这座营地。诚如所料,领头的罗马士兵刚把火点燃,火势就沿着第一排营房迅速蔓延开来,由于营房之间离得很近,排与排之间也没有合适的间隔,转眼之间,整个营地化为一片火海。

西法克斯的部下以为只是偶然起火,没拿武器便冲出了营房,无秩序地逃窜。很多人半睡半醒中死在了营房里,还有很多人向出口狂奔时被踩死,而那些逃出了火海的人则在毫无防备的情况下被驻守在营地门口的努米底亚兵砍死。

与此同时,在迦太基人的营地里,士兵们被哨兵关于另一座营地失火的报告叫醒了,见火势如此浩大,便冲出自己的营地去协助灭火,他们也以为这是意外,西庇阿还远在七英里外。这正是西庇阿所希望并预料到的,他立刻向这群乌合之众发起进攻,下达了不让一人逃跑的命令,以防他们给还在营地里的部队发出警告。紧接着,他又向混乱中无人看守的营地大门发起了攻击。

他首先袭击西法克斯的营地的计划很聪明,因为该营地的一些营房位于防御墙外面，非常容易接近，他利用了这一点，并为强行攻破防护较好的迦太基营地大门创造了机会。

最先进入敌营的部队放火烧了最近的营房，很快，整座营地都着了火，同样的混乱与破坏场面在这里重演，从大门逃出来的人则命丧专门部署在门口的罗马分遣队之手。"哈斯德鲁巴立刻打消了尝试灭火的念头，因为他现在已经从自己的遭遇中明白，突然降临在那些努米底亚人身上的灾难，也并非像他们所想的那样事出偶然，而是由于敌人大胆地采取了主动。"因此，他强行逃了出来，只带了装备不整的两千步兵和五百骑兵，其中很多人受了刀伤或是烧伤。他带着这一小股部队在附近的一座城镇避难，但是当西庇阿的追兵追过来时，见居民对自己怀有二心，他又继续逃往迦太基。西法克斯也逃了出来，可能还带着更多的人，退到了距离很近的一座城镇阿巴（Abba），这是一个防御坚固的据点。

辛那赫里布（Sennacherib）的军队也不曾遭受过比哈斯德鲁巴和西法克斯的军队更迅速、更意外、更彻底的厄运。根据李维的说法，有四万人不是被杀死，就是被火烧死，还有约五千人被俘，其中包括很多迦太基贵族。这场灾难之惨烈，在历史上无出其右。波利比乌斯大概是从莱利乌斯和其他目击者那里得到的信息，他是这样描述的："整个地方充斥着哭嚎声和凌乱的呼喊声，惊惶与恐惧，怪异的噪音，最重要的是狂暴的烈焰和火舌，所到之处无不化为灰烬，其中的任何一种都足以让人心惊胆战，全部加在一起又是何等惊人。不可能找到其他任何灾难能够与之相提并论，无论怎样夸大，因为它的恐怖程度已经超过了此前所有的事物。因此，在西庇阿立下的赫赫功勋中，在我看来，这似乎是最辉煌、最冒险的……"

这个消息在迦太基引起了极大的恐慌和忧虑——而哈斯德鲁巴撤退到那里的目的就是消除惶恐、防止任何形式的投降。迦太基需要他的存在和他坚毅的精神。对于春季的作战,迦太基人原本指望他们的军队能把西庇阿圈在乌提卡附近的海角,从海陆两个方向把他孤立起来。见形势发生了惊天逆转,他们也从自信满满转为一蹶不振。在迦太基元老院的一次紧急讨论会上,他们提出了三种不同意见:派使节去向西庇阿求和;召回汉尼拔;征募新兵,并催促西法克斯与他们合作,重新开战。最后是哈斯德鲁巴的影响力加上巴卡家族派系的影响力占了上风,最后一种政策得到了采纳。值得一提的是,考虑到李维经常被指责极端偏袒罗马,他倒是明显很赞赏这第三种提案,说它"透着罗马人在逆境中坚韧不拔的精神"。

西法克斯和他手下的努米底亚人起初决定继续撤退,退回到自己的国土,放弃参战,但有三个影响因素使他们改变了主意。这些因素分别是索芙妮丝芭对西法克斯不要抛弃岳父以及迦太基人民的恳求,迦太基使节的迅速到来,以及来自西班牙的四千多名凯尔特伊比利亚雇佣兵的到来——他们的人数在坊间传言中被夸大成一万人,无疑是主战派指使的。于是西法克斯让使节们回报,说他会与哈斯德鲁巴合作,并向他们展示了已经抵达的第一批新招募的努米底亚援兵。哈斯德鲁巴和西法克斯通过积极招兵买马,得以在三十天内再次合兵上阵,在大平原(Great Plain)安营扎寨。他们的兵力被认为介于三万到三万五千名作战人员。

西庇阿在最近的偷袭中打散了敌人的野战部队之后,已经把注意力转移到围攻乌提卡上,以便获得他想要的安全基地,作为后续行动的前奏。很明显,他有意不对西法克斯的撤退施加太大压力,因为通过迫使后者作战来施加这样的压力,容易给渐熄的火焰添加新燃料。我们已经说明了怀有这种希望的根据,也说明了导致这种希望落空的因素。在这个关头,波利比乌斯谈到了西庇阿对部下的关怀和深谋远虑,为我们提供了价值连城的间接说明——"他同时也分配了战利品，却赶走了那些压价压得太狠的商人；因为最近的胜利使将士们对未来产生了美好的憧憬，他们并不重视实际战利品，而且非常乐意把战利品贱卖给那些商人。"

当迦太基军队和努米底亚军队会师并接近的消息传到西庇阿那里时，他迅速采取行动。他只留一支小分队维持从海陆两个方向围城的表象，自己则前往迎敌，全军轻装行军——他显然断定，应对这一新的威胁，速度是关键，要在敌人把新的部队焊接成强力武器之前就发动攻击。第五天，他到达大平原，在距离敌营约三英里半的一座山丘上构筑了一个营地。之后的两天里，他的部队向前推进，骚扰敌军前哨，为的是诱使他们出战。第三天，诱饵成功了，敌人的联军出营，列好了战斗队形。他们把凯尔特伊比利亚精兵放在中央，努米底亚兵居左，迦太基兵居右。"西庇阿完全按照罗马人通常的习惯，把青年兵中队放在前面，把壮年兵放在后面，把老兵放在最后。"他把他的意大利骑兵放在他的右边，面对西法克斯的努米底亚骑兵，把马西尼萨的努米底亚骑兵放在他的左边，面对迦太基骑兵。第一次交锋时，敌人的两翼就被意大利骑兵和马西尼萨的骑兵突破了。西庇阿在哈斯德鲁巴和西法克斯还没来得及整顿他们新征募的士兵时，就迅速行军并颇有远见地发动攻击，是有充分理由的。再者，一方由于最近的胜利而士气大振，另一方则由于最近的惨败而士气大跌。

中央的凯尔特伊比利亚人坚定地战斗着，知道逃跑也无济于事，因为他们对这片土地并不熟悉；投降也是徒劳，因为他们从西班牙过来为罗马人的敌人卖命，完全就是背叛。看来，西庇阿是把他的第二列和第三列——也就是壮年兵和老兵——作为机动后备部队来攻击凯尔特伊比利亚人的侧翼，而没有按照正常的习惯直接增援青年兵。陷入四面包围的凯尔特伊比利亚人就这样在原地被击溃，虽然也经过了顽强的抵抗，而他们的抵抗为指挥官哈斯德鲁巴和西法克斯以及大量逃亡者创造了逃脱的机会。哈斯德鲁巴和他的迦太基幸存者在迦太基避难,西法克斯带着他的骑兵退回了自己国家的首都锡尔塔(Cirta)。

夜幕降临,屠杀被迫停止,次日,西庇阿派马西尼萨和莱利乌斯去追击西法克斯,而他自己则扫平了周边地区,并占领了各个重镇,作为向迦太基进兵的铺垫。此时,新的恐慌已经袭上迦太基人心头,但人们在经受试炼的时刻会更加坚定,不太容易考虑到这些。赞成求和的意见寥寥无几,人们采取了积极的抵抗措施。城里已经作好了应对长期围城的粮食准备,加固和扩大防御工事的工作也在向前推进。与此同时,迦太基元老院决定派舰队去攻击正在围困乌提卡的罗马船只,尝试解乌提卡之围,他们还决定召回汉尼拔,作为下一步棋。

西庇阿将战利品转送到了乌提卡附近的营地,以减轻运输负担,他已经到达并占领了突尼斯城,尽管该城有军队驻扎,却几乎没有抵抗。突尼斯城离迦太基只有约 15 英里,从迦太基可以清楚地看到,正如波利比乌斯向我们讲述西庇阿时所言,"他认为这是让迦太基人陷入恐惧与沮丧的最有效方法"——又是针对士气的目标。

然而,在他的哨兵看到迦太基舰队驶向乌提卡时,他才刚刚完成这一"跃"。他意识到了对方的计划是什么,以及自己所面临的危险,因为他知道自己的船只对海战全无准备,上面还载着攻城机械,或者已经被改装成了运输船。他毫不犹豫地决定避其锋芒,强行军返回乌提卡。来不及清理甲板以备战,他便想出了这样一个计划,把战舰停泊在靠近岸边的地方,把排成四列的运输船捆扎在一起,形成一道浮墙来保护这些战舰。他还在船与船之间铺上了厚木板,使部队能够在上面来去自如,这些木板桥下面也留出了狭窄的间隔,可供小型巡逻船进出。然后,他让精挑细选出来的一千人登上运输船,并为之配备了非常充足的武器,特别是投射武器——这一点很有意思,它预示了防守时通过增加火力来代替人力的现代理论。

这些紧急措施在敌人来袭之前就完成了,首先是由于迦太基舰队航行缓慢,他们又迟迟未能在外海发起攻击。因此,他们被迫在进港时面对罗马人这种出乎意料的阵形,像是船只在攻打一面墙。他们的数量优势也因对方的运输船高出水面更多这一事实而打了几分折扣,以至于迦太基人不得不从下往上投掷武器,而罗马人恰恰相反,是从较高处往下投掷,能够获得额外的动量,也更容易瞄准。但是,派巡逻船和轻型船只穿过运输船之间的间隔去骚扰迦太基人的船只——这个构想显然是西庇阿根据军事战术改编而来的——并没有奏效,实际上还给防御工作增加了困难。因为当它们前去骚扰那些逼近的战舰时,敌舰仅凭巨大的动量和体形就足以把它们撞坏,而且在后期阶段,它们与迦太基战舰混在一起,以至于妨碍了运输船上部队的火力。

迦太基人直接攻击不成,便又尝试了一种新方法,把一端带有铁钩的长杆投掷到罗马人的运输船上,这些杆子用锁链固定在迦太基人自己的船上。通过这种方法,罗马人的栓扣被破坏,一些运输船被拖走,配备在船上的部队几乎来不及跳上第二排船。只有一排运输船被击破,由于遭到了非常激烈的反抗,迦太基人只得满足于这么一点点成就,起航返回迦太基。他们拖走了六艘[1]俘获的运输船,不过罗马人肯定还有更多的船被毁,不知漂流到何处。

迦太基人的希望在这边受挫,在另一边则是被粉碎了,因为西庇阿派去追击西法克斯的部队实现了目标,终于剪除了迦太基势力在非洲的这个支持者。这项成就还有更进一层的意义,它为西庇阿赢

---

[1] 原文如此,但李维的原文中为 60 艘。——译者注

得了努米底亚的人力资源,这正是他长期以来所图谋的,也是他将自己的部队增加到足够的兵力以进行决定性打击所需要的。

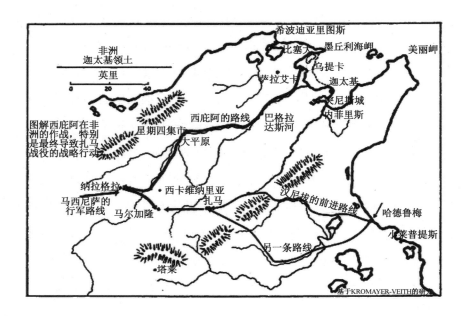

莱利乌斯和马西尼萨对西法克斯穷追不舍,经过十五天的行军,他们到达了马西利亚(马西尼萨被赶出的世袭王国),并驱逐了西法克斯留在那里的驻军。西法克斯退却至更东边的自家领地马塞西利——今阿尔及利亚——并在妻子的鼓动下从他的王国丰富的资源中募集了一支新军。他着手按照罗马人的模式组织他们,像历史上的众多军事剽窃者一样,以为只靠外在的模仿便能掌握罗马人取胜的秘诀。他的这支部队足够庞大——事实上与他原有的兵力相当——却都是些未经任何训练、纪律涣散的新兵。他带着这支部队前往迎战莱利乌斯和马西尼萨。在双方骑兵的第一次交锋中,人数上的优势确有影响,但是当罗马步兵补充到他们骑兵中的间隔时,这种优势就不复存在了,没过多久,这支没有经验的部队便溃不成军,落荒而逃。这场胜利本质上是由于训练有素、纪律严明,而不是由于在西庇阿所有的战役中都出现过的那种巧妙的机动。这一点值得注意，因为有些历史学家抓住一切机会暗示西庇阿的成功更多的是由于他那些能干的副手，而不是由于他自己。

西法克斯见自己的军队被击溃，便试图策马冲锋，把自己暴露在危险之中，好让他的部下自惭形秽，采取抵抗行动。在这次英勇的尝试中，他坠马被俘，被拖到莱利乌斯面前。正如李维所言，这是"一个故意要让马西尼萨拍手称快的场面"。后者在这场战役之后展现出了优秀的军人精神和判断力，他对莱利乌斯表示，虽然他很想造访自己重新夺回的王国，但"在顺境中和在逆境中一样，都不该浪费时间"。因此，他请求对方允许自己带领骑兵继续向西法克斯的首都锡尔塔挺进，莱利乌斯则带领步兵跟在后面。征得莱利乌斯同意后，马西尼萨带着西法克斯前进。到了锡尔塔城前，他召唤居民领袖出城，但他们拒绝了，直到他向他们展示戴着镣铐的西法克斯，这些胆小怕事的人才打开了城门。马西尼萨让卫兵各就各位，自己快马加鞭去攻占王宫，于是便遇见了索芙妮丝芭。这个女人是知名度堪比海伦或克利奥帕特拉的红颜祸水，她非常聪明地迎合了他的骄傲、恻隐之心和爱恋之情，不仅得到了他绝不会把她交给罗马人的保证，还"把他变成了自己俘虏的奴隶，因为努米底亚人是一个极其多情的民族"。她离开后，他也不得不面对如何调和自己的责任与誓言的问题，这时，激情促使他想到了一个漏洞——自己当天就与她成婚。莱利乌斯到来时非常恼火，最开始，他甚至差点把她从婚床上拽下来，和其他俘虏一起送去乌提卡营地，但后来还是心软了，同意让西庇阿来决定。随后，两人开始攻占仍有西法克斯军队驻扎的努米底亚其余城镇。

当俘虏们到达西庇阿的营地时，戴着镣铐的西法克斯走在最前面，官兵们纷纷出营看热闹。他的处境与几年前相比，简直是云泥之别！此时不过是一个戴着镣铐的俘虏；彼时却是掌握着权力天平的强大统治者，西庇阿和哈斯德鲁巴同时登门拜访，竞相与他交好，两人都受制于他的权力，也都认为成败在此一举。

这个想法，以及对他们昔日友谊的回忆，显然掠过了西庇阿的脑海，也让他动了恻隐之心。他质问西法克斯，是什么动机让他违背了与罗马人的盟誓，无端对他们开战。西法克斯从西庇阿的态度中获得了信心，回答说自己这样做一定是疯了，但兵戎相见只是他疯狂的最终结果，而不是开端，真正的开端是他与索芙妮丝芭的婚姻。"那个复仇女神、害人精"蛊惑了他，蒙蔽了他的双眼，使他堕入万劫不复之境。尽管自己已是日暮途穷、一败涂地，他却表示，看到她的致命诱惑转移到了不共戴天之敌身上，自己倒是得到了些许慰藉。

这些话让西庇阿非常忧虑，因为他既认识到了她的影响力，也认识到了马西尼萨匆忙结婚对罗马人的计划所构成的威胁。她已经让一个多情的努米底亚人脱离了自己的队伍；她很可能将另一个努米底亚人也引入歧途。莱利乌斯和马西尼萨很快抵达，西庇阿在公开场合迎接他们时，没有表露出这些感情的迹象，只是对两人的工作大加赞扬。但他一找到机会，私下里马上把马西尼萨拉到一边。他和这个失职者的谈话是圆滑老练与心理攻势的杰作。"马西尼萨，我想你是因为看到了我身上的一些优点，所以在西班牙时，你第一次来找我，目的是与我建立友谊，后来在非洲，你把你自己和所有的希望都交给我来保护。但我身上这些似乎还算值得你尊敬的美德中，我最引以为傲的莫过于对激情的节制和克制。"然后，他指出了缺乏自制力所酿成的危险，继续道："你不在我身边时，那些反映了你的毅力和勇气的事例，我曾经兴高采烈地提及，也都欣然铭记。至于其他事情，我宁愿你私下反省，也不想在大庭广众之下讲出来让你脸红。"接着，他向马西尼萨的责任感发出最后的呼唤，便把他打发走了。如果挨了一顿臭骂,马西尼萨倒是有可能强硬起来,可面对如此亲切友好的恳求,他不禁痛哭流涕,回到了自己的营帐。在营帐内,他经过长时间的内心挣扎,终于唤来了一名心腹仆人,令其把一些毒药混在杯子里,带给索芙妮丝芭,并带话说"马西尼萨很乐意履行作为丈夫对身为妻子的她应尽的第一项义务;但由于那些掌权者使他无法行使这些权利,现在他只得履行他的第二项承诺——绝不让她被罗马人生擒"。当仆人来到索芙妮丝芭面前时,她说:"我接受这份新婚礼物;如果我的丈夫给不了我更好的,那么这件礼物倒也不赖。不过你要告诉他,如果我没有在将死之时嫁给他,应该会有更满意的死法。"然后,她平静地接过杯子,稳稳地端起,一饮而尽。

威尼斯画家詹巴蒂斯塔·皮托尼(Giambattista Pittoni)的《索芙妮斯芭之死》(*The Death of Sophonisba*,1716—1720)。

　　西庇阿听到这一消息,担心这位性情刚烈的年轻人可能会丧心病狂地孤注一掷,于是"他马上派人把他请来,一会儿竭尽全力安抚他,一会儿又温和地责备他试图用一种鲁莽行为来避开另一种,把这件事变成本无必要的悲剧"。

次日,经过了一番深思熟虑,西庇阿试图从马西尼萨的抱负和骄傲下手,消除他内心的伤悲。他召集全军将士,首先以国王的头衔向马西尼萨道贺,对他的成就大加赞赏,然后向他赠送了一个金杯、一根象牙权杖、一把贵人椅和其他的荣誉象征。"他说,在罗马人中,最辉煌的荣耀莫过于一场'凯旋式',而那些被赏以'凯旋式'的人,被授予的勋章都不及罗马人心目中唯一配得上这份殊荣的异邦人马西尼萨这般璀璨。"这一行动,以及对他主宰整个努米底亚之梦的鼓励,达到了预期的效果,马西尼萨很快就为公开的殊荣而忘却了私人的悲愁。西庇阿也很注意给予莱利乌斯同样的赞美和奖赏,然后派他带着西法克斯和其他俘虏回到罗马。

第十章　　被打破的和平

　　非洲的政治基地得到了保障后,西庇阿又回到突尼斯城,这一次,精神威慑因近况而得到了加强,最终取得了成功。这使得形势朝着不利于主战派的方向发展,迦太基人派出了三十名重要长老——长老议事会甚至要高于元老院——前去求和。根据李维的说法,他们来到西庇阿面前时,以东方人的方式匍匐在地,他们的恳求也体现了同样的谦卑。他们为自己的国家祈求原谅,说它曾两次因公民的鲁莽而濒临毁灭,他们希望它能再次因敌人的宽宏大量而得以保全。之所以怀有这样的希望,是因为他们明白罗马人民的目标是支配,而不是摧毁,他们还表示,无论什么条件,只要他认为合适,他们都会接受。西庇阿回答说,"他来到非洲时,希望为祖国带回的是胜利,而不是媾和条件,他所取得的胜果也增进了这个希望。尽管如此,虽然胜利对他来说已是唾手可得,但他不会拒绝和解,这样一来就可以让所有的国家都知道,罗马人兴兵止战皆为正义"。

　　他提出的条件是:归还所有的战俘和逃兵,迦太基军队从意大利、高卢以及地中海的所有岛屿撤出,放弃对西班牙的所有要求,只保留二十艘战舰,其他全部交出。他还要求对方在谷物和金钱上给予可观但算不上巨额的补偿。他颇有雅量地给了他们三天时间来决定是否接受这些条件，并补充说，如果他们接受，就要与他停战，并向罗马元老院派遣使节。

这些条件温和得令人惊诧，特别是考虑到西庇阿在军事上的成功已经如此圆满。这不仅证明了西庇阿灵魂的崇高，也证明了他卓越的政治远见。结合他在扎马之后类似的温和态度来看，要说西庇阿清楚地领悟到，战争中与和平时期一样，一个国家真正的目标终究是更完美的和平，也并不算夸张，而当今的世人才刚刚开始明白这一点。战争是这种政策受到威胁的结果，是为了消除这种威胁而发动，靠的是征服敌国的意志，"把这种敌对的意志转变为对我们自身的政策的顺从态度，我们越早下手，付出的生命和金钱代价越低廉，就越有机会在最广泛的意义上实现国家的持续繁荣。因此，一个国家在战争中的目标，就是以尽可能少的人力和经济损失压制敌人的抵抗意志"。[1]历史的教训，特别是刚刚过去的这段历史的教训，使我们能够推导出这样的公理，"军事胜利本身并不等同于战争的成功"。[2]此外，关于和平条件，"和约必须合理；因为强迫被打败的敌人接受无法满足的条件，就是埋下了战争的种子，总有一天，敌人会为了解除和约而宣战"。[3]此外就只有一种选择——消灭敌人。对西庇阿在这些条件上的温和态度，蒙森评论道，这些条件"似乎异常有利于迦太基，以至于我们不禁产生这样一个疑问，西庇阿提出这些条件，更多是为了他自己的利益，还是为了罗马的利益"。一个追逐名望的自我中心者，肯定会把战争拖长，以一个夺人眼球的军事决策来结束，而不会接受议和这种稍显逊色的荣耀。但蒙森的这番含沙射影，还有他的判断，都与西庇阿在扎马之后同样温和的态度相矛盾，尽管打破和约已经是极其严重的挑衅了。

---

[1] "Paris, or the Future of War," by Captain B.H. Liddell Hart. 1925.

[2][3] "The Foundations of the Science of War," by Colonel J.F.C. Fuller. 1926.

迦太基人接受了这些条件，也遵守了第一项条款，派使节到西庇阿这里缔结停战协定，并派使节去罗马求和，去罗马的使节还带上了一些战俘和逃兵，作为外交期票。但主战派又占了上风，他们虽然准备接受和谈，作为幌子和争取时间的手段，却还是向汉尼拔和马戈发出了返回非洲的紧急召唤。马戈注定无缘再见自己的祖国了，因为之前刚刚在一场非决定性战役中受了伤，他在运输船队经过撒丁岛时伤重不治。

汉尼拔预料到会像这样被召回，已经准备好了船只，并将军队主力撤退到港口，只保留最差的部队驻守布鲁提乌姆地区的城镇。据说，从来没有哪个流亡者在离开自己的土地时，表现出了比汉尼拔离开敌人的土地时更深切的悲痛，他咒骂自己在坎尼取得胜利后没有趁热打铁向罗马进军。他说"西庇阿在意大利没有看到过一个迦太基敌人，就敢去攻打迦太基，而他自己在特拉西梅诺湖和坎尼歼敌十万，却在卡西利努姆（Casilinum）、坎尼和诺拉（Nola）一带任由兵力损耗"。

他离开的消息传到罗马时，罗马人喜忧参半，因为意大利南部的指挥官一直奉元老院之命牵制汉尼拔，西庇阿在非洲确保事情得到解决的时候，要把他稳住。现在他们觉得他到了迦太基，可能会重燃战争的余烬，并危及西庇阿，而这场战争的重担全都要落到他唯一的一支军队身上。

莱利乌斯到达罗马后，元老院呈现出一片欢腾的景象，并决定让他留在罗马，直到迦太基使节抵达。元老院与马西尼萨的使节相互道贺，元老院不仅确认了西庇阿授予他的国王头衔，还托使节向他赠送了更多象征荣誉的礼物和通常是为执政官准备的军事装备。他们还同意了他释放努米底亚俘虏的请求，这是政治上的一步棋，他希望以此加强自己在同胞心目中的地位。

当迦太基使节到达时,他们对元老院的说法与对西庇阿的说法相类似,把所有的责任都推到了汉尼拔身上,并认为就迦太基本身而言,结束第一次布匿战争的和约仍未被打破。既然如此,他们请求延续同样的和平条件。随后在元老院进行了一场辩论,反映出了巨大的意见分歧,一些人主张在征求西庇阿的意见之前不应作出任何决定,另一些人则认为应当立刻重新开战,因为汉尼拔的离去表明求和只是在耍花招。被问及意见时,莱利乌斯说,西庇阿把实现和平的希望建立在确保汉尼拔和马戈不会从意大利被召回的基础上。元老院未能作出明确决定,辩论也到此为止了,不过从波利比乌斯的记载来看,辩论后来又重新开始了,并达成了一致意见。

然而在此期间,由于有人违反了停战协定,战争已经在非洲重新开始了。当使团在前往罗马的途中时,新的补给品也从撒丁岛和西西里岛运给了西庇阿。从撒丁岛运来的安全抵达了,但从西西里岛出发的两百艘运输船在就快要看见非洲时,遇上了大风,虽然战舰奋力驶入港口,但运输船被吹向了迦太基;大部分被吹到了阿基姆鲁斯岛(Ægimurus)——位于30英里外的迦太基湾口——其余的则被吹到迦太基城附近的海岸上。见此情景,民众兴奋不已,叫嚣着不要放过如此丰厚的战利品。匆匆召开的议事会上,暴民们也掺和了进来,众人一致同意由哈斯德鲁巴率领一支舰队渡海前往阿基姆鲁斯岛,夺取运输船。这些船被拖过来之后,在迦太基附近被吹上岸的那些船也重新浮起,被拖进了港口。

西庇阿听闻对方违反停战协定,立刻派三名使节到迦太基去处理此事,并通知迦太基人,罗马人民已经批准了和约;向西庇阿告知这一消息的急件刚刚送到。使节们发表了态度强硬的抗议演说之后,传达了如下信息,虽然"罗马人有正当理由施以惩罚,但他们以人类共同命运的名义恳请迦太基人不要采取极端手段,而是让迦太基人的愚蠢成为罗马人宽宏大量的证明"。使节随后离开,迦太基元老院开始了辩论。对使节出言不逊的恼怒,对放弃船只和船上补给的不甘,因汉尼拔即将来援而新生的信心,这三种因素加在一起,使得形势对主和派不利。迦太基人决定干脆不作答复,把使节打发走。使节在抵达时好不容易才躲过了暴民的施暴,要求在回程时有人护送,于是元老院给他们派了两艘三桨座战船。这件事让主战派的一些领袖产生了一个想法,由此引爆一颗新雷,使毁约行为变得无法挽回。他们送信给舰队当时正停泊在乌提卡附近海面上的哈斯德鲁巴,让他安排一些船只在罗马营地附近等候,袭击并击沉使节的船。护卫舰的指挥官奉命在罗马营地进入视线范围时抛下罗马的五桨座战船返航。罗马的船还没入港,就遭到了迦太基人为此派来的三艘三桨座战船的袭击。罗马人击退了企图登船的迦太基人,但船员们,更确切地说是幸存者,让船搁浅方才保住了性命。

这种卑鄙行为促使西庇阿重新开始行动,以备最终较量。立即对迦太基采取直接行动是不可能的,因为这意味着要打一场长期的围城战,汉尼拔大敌当前,想要专心于围城战无异于痴人说梦,汉尼拔可能会威胁他的后方并切断他的通讯。他自身的处境也不容乐观,因为他不但蒙受了来自西西里岛的补给的重大损失,而且马西尼萨也不在身边,还带走了自己的部队和罗马的部分兵力——十个大队。临时条约缔结后,马西尼萨立即动身前往努米底亚收复自己的王国,并在罗马人的协助下吞并了西法克斯的王国。

停战协定被打破后,西庇阿一再向马西尼萨发出紧急通知,让他尽可能地征召一支强大的部队,以最快的速度与他会师。然后,采取措施保证舰队的安全后,他将罗马基地的指挥权授予副将巴埃比乌斯(Bæbius),开始向巴格拉达斯河谷行军,旨在孤立迦太基,并通过切断所有来自内陆的补给来削弱它的实力,以此作为直接征服它的准备措施——再次奉行安全原则。进军途中，他不再接受城镇主动投降，而是将它们全部攻占，把居民变卖为奴——以表现他的愤怒，并使人对迦太基人违反和约的道德作风产生深刻印象。

在这次"接敌"行军期间——实际上就是这么一回事，即使表面看上去不像——从罗马返回的使节抵达了海军营地。巴埃比乌斯立刻派这些罗马使节去西庇阿那里，却扣押了迦太基人，他们听说了事情的原委，自然对自己的命运深感不安。但是西庇阿拒绝将自己的使节受到的苛待报复在他们身上，这一点着实值得赞扬。"因为他深知自己的国人很重视对使节守信，他优先考虑的不是迦太基人的功过是非，而是罗马人的本分。因此，他克制着自己的愤怒和怨怼，正所谓常言道，要维护'祖先的光荣历史'，他尽了最大努力。"他向巴埃比乌斯发出命令，对待迦太基使节应礼数周到，并送他们回国。"结果是，他以德报怨，以自身的雅量反衬对方的卑劣，以此羞辱了迦太基的全体人民和汉尼拔本人。（波利比乌斯）"

西庇阿通过这一行为显示出了他对战争中的道德伦理目标及其价值的理解。理性支配下的骑士精神，无论是在战争中，还是从战争的结果——和平——的角度来看，都是一笔财富。理智的骑士精神，不应与拒绝利用战略或战术优势、放弃偷袭这一终极精神武器、把战争当作网球场上的比赛之类的堂吉诃德式行为混为一谈——这种堂吉诃德式行为的典型代表是丰特努瓦（Fontenoy）的那场滑稽戏，"法兰西绅士们，先开枪吧"。[1]这根本就是愚蠢。传统上，人们倾向于认为使用新武器很"下作"，不管它与现有的武器相比是否更不人道，这种想法也很愚蠢。所以德国人说使用坦克是暴行，我们说毒气也

---

[1] 1745 年奥地利王位继承战争中发生在法军与英荷联军之间的一场战役。双方战前假客套了一番，英军请法军先开枪，法军果然先开了枪，在短暂的劣势后成功反击并取得了胜利。——译者注

是——中世纪的骑士谈到火器时也这样说，因为火器妨碍他对手无寸铁的农民进行安全无虞的屠杀。然而当火器取代战斧和刀剑时，在任何一场战斗中，战死者的比例都减小了，当毒气取代炮弹和子弹时亦然。这种对新武器的抗拒只不过是保守主义，并非骑士精神。

但骑士精神既有理性，又有远见，正如西庇阿的这个例子，因为它使展现出骑士精神的一方产生优越感，使欠缺的一方产生自卑感。道德领域的优势会对物质领域产生影响。

西庇阿这种具有骑士风度的行为，即使在某种程度上是经过了这样一番心理分析，显然也还是很符合他的天性，因为他早先在西班牙的姿态表明，这并非单纯的作戏。正如在战争中，我们不能把道德从精神或物质领域抽离，在评价一个人的品格时也是如此。我们不能把西庇阿在整个职业生涯中道德品行的高尚与他精神视野上的超然明晰分开来看——二者融合在一起，不仅造就了一位伟大的将军，也造就了一位伟人。

在此之前，或许是在打破停战协定的事件发生期间，汉尼拔已率两万四千人在位于今哈马马特湾（Gulf of Hammamet）的莱普提斯（Leptis）登陆，并移师哈德鲁梅（Hadrumetum）。他在这里停驻[1]休整，并向"被认为拥有非洲最优秀骑兵"的努米底亚人首领泰凯乌斯（Tychæus）紧急求援，请后者与自己携手，力挽狂澜。他试图利用身为西法克斯亲戚的泰凯乌斯的恐惧心理，他的论据是，如果罗马人赢了，泰凯乌斯就会因为马西尼萨贪恋权力而自身大权难保，还会有性命之虞。结果泰凯乌斯响应了他，还带来了两千骑兵。他的到来仿佛雪中送炭，因为汉尼拔已经失去了昔日里在主武器骑兵方面的

---

[1] 李维说他只停留了几天，波利比乌斯在这个问题上语焉不详，但从已知的因素中可知，他停留的时间要更长，因为泰凯乌斯的骑兵赶来，迦太基的其他军队与他会师，都必然要花上一些时间。

优势。此外，汉尼拔还可以指望马戈军中来自利古里亚（Liguria）的一万两千人，而且很快就等到了，这支部队由高卢人组成，他们在召回前的最后一战中表现出了过硬的素质；另外还有在非洲新征募的一支大军，他们的素质就不那么让人放心了。此外——据李维称——最近腓力（Philip）国王还派来了四千马其顿人援助迦太基。

这支部队一旦到达迦太基，能够以这样一座要塞和补给来源为基地开展行动，形势就会变得对汉尼拔极为有利。相比之下，西庇阿已经被劫走了大部分补给品，在敌人的土地上孤立无援，他的部分兵力被分派给了马西尼萨，而后者能够招募多少兵马仍是未知数。

我们还是应该掂量一下这些条件，因为它们纠正了常见却是错误的历史印象。此时，汉尼拔胜算更大，李维和波利比乌斯笔下这两个敌对国家首都的民情，能够真实地反映这一事实。

第十一章　扎马

即使到了这样一个关键时刻，对西庇阿的嫉妒也还是在罗马元老院铺天盖地。他得到的支持一向是来自人民，而不是元老院那些军事上的对手。除了塞尔维利乌斯（Servilius）[1]等汉尼拔安全离开后才向海岸进兵之外，执政官们毫无作为，并没有通过把汉尼拔困死在意大利来协助西庇阿作战。但是在年初按照惯例决定任职地的分配时，两位执政官急于收割西庇阿的成果，从而轻松取得荣耀，都争着抢着要非洲。梅特卢斯再次试图扮演保护神的角色。结果执政官们奉命向保民官提出申请，让人民来决定他们希望由谁在非洲指挥战争。于是所有部族都提名西庇阿。尽管民众的意见如此坚定，执政官们还是说服了元老院颁布法令，用抽签来决定非洲的归属。中签的是提比略·克劳狄乌斯（Tiberius Claudius），他被授予与西庇阿同等的指挥权，并获得了一支由 50 艘五桨座战船组成的舰队用于这次远征。对西庇阿来说，幸运的是，这种出于嫉妒的行为未能阻止他为自

---

[1]　这一时期见诸史册叫塞尔维利乌斯的政治人物有好几位。此人名为马尔库斯·塞尔维利乌斯·格米努斯（Marcus Servilius Geminus），于公元前 203 年担任独裁官普布利乌斯·苏尔皮基乌斯·加尔巴·马克西姆斯（Publius Sulpicius Galba Maximus）的骑士统领，公元前 202 年与后文提到的提比略·克劳狄乌斯共同担任执政官。——译者注

己的工作圆满收尾，因为克劳狄乌斯的准备工作进展缓慢，最终出发时还遭遇了一场风暴，被赶到了撒丁岛。因此他从未到达非洲。

不久，随着非洲局势变化的消息传来，西庇阿的诋毁者又与习惯性的悲观主义者沆瀣一气，渲染愁云惨雾。他们回想起"最近去世的昆图斯·费边早已预知这场斗争会有多么艰难，他常常预言，汉尼拔在他自己的国家会是一个比在外国更可怕的敌人；而西庇阿将要迎战的，不是军纪散漫的野蛮人国王西法克斯……；也不是他的岳父、那个最擅长逃跑的将军哈斯德鲁巴"——费边这是在诋毁一个百折不挠的人；"也不是从一群装备不整的乡巴佬中匆匆集结起来的乌七八糟杂牌军，而是汉尼拔……他从小赢到老，在西班牙、高卢和意大利，到处都是他丰功伟绩的纪念碑；他麾下的军队这些年来也一直跟着他；这支军队拥有超出常人的忍耐力，变得冷酷无情；沾染过千百次罗马人的鲜血……"过去的这些年里，非决定性的战争有气无力地继续着，似乎没有尽头，让罗马人越发紧张，而现在西庇阿和汉尼拔却让所有人精神为之一振，两位将军都为最后的决一死战做好了准备。

在迦太基，舆论的天平似乎是平衡的，一方面从汉尼拔的功绩和不败战绩中获得了信心，另一方面，西庇阿屡战屡胜，仅凭一己之力便让他们失去了对西班牙和意大利的控制——就好像他是"一位被命运选定的将军，生来就是为了毁灭他们的"——想到这些，又让迦太基人意志消沉。

在这最终阶段的开始，汉尼拔从自己的祖国得到的支持，无论是精神上的还是物质上的，总的来说似乎要多于罗马给予西庇阿的——这又给了一个常见的历史错误致命一击。

我们已经讨论过他的处境，它考验的是一位指挥官的道德禀性。安全往往存在于精心策划的大胆行为，通过对军事问题的分析，我们发现，他在巴格拉达斯河谷向内陆行军，目的极有可能是通过威胁迦太基取得补给所倚赖的富饶内陆地区,迫使汉尼拔挥师西进,与他交战,而不是北上迦太基。他通过这一妙招,威胁了迦太基的经济基地,保护了自己的基地,也引诱汉尼拔远离了他的军事基地——迦太基。

他这样做还有一个附加目的,这条移动路线使他渐渐接近努米底亚,缩短了马西尼萨带着他所期盼的增援兵力需要跨越的距离。对这次机动的研究和反思越多,就越能感觉到他对战争各项原则巧妙的融会贯通是何等的驾轻就熟。

这起到了预期的效果,因为迦太基人向汉尼拔紧急求助,要他向西庇阿推进,并与之交战,虽然汉尼拔回答说他对开战时机自有决断,但不出数日,他就从哈德鲁梅向西进军,并通过强行军到达扎马。然后,他派出侦察兵去查明罗马人营地的位置及其防卫部署情况——它位于西边几英里处。有三名侦察兵,或者说是间谍,被罗马人抓住了,当他们被带到西庇阿面前时,他采取了一种非常新奇的处理方法。"西庇阿非但没有按照惯例处罚他们,反而命令一位军政官为他们作陪,把营地的确切布置向他们作了清晰的说明。做完这件事后,他问他们,这位军官是否已经把一切都解释到位了。当他们给出肯定的答案后,西庇阿为他们提供了粮草和护卫,并告诉他们,要向汉尼拔仔细报告他们的所见所闻"(波利比乌斯)。西庇阿这种目空一切的傲慢是对士气目标的一记重击,故意让汉尼拔和他的军队对罗马人全然的自信印象深刻,并相应地在他们自己人中引起怀疑。次日,马西尼萨带领六千步兵和四千骑兵到达,必定进一步增强了这种效果。李维将他们的到来与迦太基间谍的造访安排在同一时间,并说汉尼拔得知这个消息,和得知其他消息时一样,没有感到一丝喜悦。

侦察兵探营一事的后续有一种非同寻常的人情味。"他们回来后,汉尼拔对西庇阿的雅量和胆略深感佩服,以至于他产生了……一种与他面谈的强烈愿望。作出这一决定后,他派去了一名使者,说他想要与对方讨论大局,西庇阿收到使者传来的消息后,表示接受,说他会定好会面的地点和时间,派人通知汉尼拔。"他随后拔营,转移到离纳拉加拉(Narragara)城不远的一处新址,他的选址在战术上很高明,离水源地不过"一支标枪的射程"。然后他给汉尼拔传话,说自己现在已经准备好与之会面了。为了与他会面,汉尼拔也把营地前移,占据了一座山丘,这里各方面都很安全、便利,只是离水源地太远,他的人马也因此遭了很多罪。西庇阿似乎已经在两位名将的智斗中赢下了第一局!第二局也是他赢,因为他确保战斗将在开阔的平原上展开,这种地形可以将他的骑兵优势发挥到极致。他已经准备好用自己的王牌吃掉汉尼拔的王牌了。

次日,两位将军各自带领一小支武装护卫队走出营地,然后把护卫队留在同样远的地方,两人单独会面,只是各有一名翻译陪同。李维在记述这次会谈之前评论道,在这里会面的是"最伟大的将军,不仅是他们自己的时代,而且是古往今来的所有时代中最伟大的……"——很多军事史学者都会倾向于同意这个判断,甚至会把判断的范围再延长两千年。

17 世纪的佛兰德挂毯,描绘了西庇阿与汉尼拔在扎马战役前的会面。

汉尼拔首先向西庇阿致意,开始了这场对话。关于他的发言,以及西庇阿的发言,记载下来的肯定只有大致意思,由于这个原因,不同的权威记载之间也有少许出入,所以除了一些比较突出的措辞外,最好还是意译。汉尼拔的主要观点是时运的不确定性——胜利屡屡唾手可得,现在命运却要他来主动求和。他在第一次战斗中与西庇阿的父亲交战,现在却来向儿子求和,这又是多么不可思议的巧合啊!"但愿罗马人从未觊觎过意大利以外的领土,迦太基人也从未觊觎过非洲以外的领土,因为双方都已经遭受了重创。"然而,往者不可谏,来者犹可追。罗马已经有过敌人兵临城下的经历;现在轮到迦太基了。难道他们非得拼个你死我活,就不能达成协议吗?"我本人是准备这样做的,因为我已从实际经验中认识到时运女神有多么善变,她如何通过天平微弱的偏转促成至关重要时刻的事态变化,无论是往哪个方向发展,就好像在捉弄小孩子一样。不过普布利乌斯啊,恐怕你是不会被我说服的,无论这番话是怎样的金玉良言,既是因为你还太年轻,也因为你在西班牙和非洲所向披靡,至少迄今为止还没有开始走背运。"那就让西庇阿以汉尼拔自己的例子为戒吧。"特拉西梅诺湖和坎尼战役时的我,就是现在的你。""而现在我在非洲,正要为我自己和祖国的安全与身为罗马人的你谈判。我恳请你考虑到这一点,不要骄傲过了头。""……请问有哪个明白人会一头扎进你现在所面临的这种危险中呢?"一个小时的机运就可能使西庇阿取得的一切成就化为乌有——要让他记住雷古卢斯的命运,迦太基人也曾在非洲的土地上向后者求和。接着,汉尼拔概述了他的和平提案——将西西里岛、撒丁岛和西班牙明确让与罗马,迦太基则将宏图大志局限在非洲。最后他说,即使西庇阿在经历了最近的一些事情后,对提案的诚意产生了自然而然的怀疑,他也应该记住,这些提案来自真正的掌兵者汉尼拔本人,自己将力保实现和平,不会让任何人为之后悔。汉尼拔会在后面证明自己的诚意和这份保证的真实性。但是在当时的情况下,再加上之前发生的事,西庇阿有充分的理由怀疑。

对于汉尼拔的提议,他指出,对两国开战表示遗憾,说得倒是轻巧——但这战争是谁开始的呢？如果汉尼拔在罗马人远渡非洲之前就提出来,并主动从意大利撤军,他的提案几乎肯定会被接受。然而尽管局势已经彻底改变,罗马人"掌握着旷野",汉尼拔现在提出的条件却比迦太基在那份被打破的和约中已经接受的条件还要宽松。他开出的全部价码,实际上就是放弃已经被罗马人占据了很久的领土。他将这样毫无意义的让步条件呈报给罗马纯属徒劳。如果汉尼拔能同意原来那份和约中的条件,并为停战期间抢夺运输船和对使节的暴行增加一些赔偿,那么自己还有东西可以提交给公民大会。否则就"必须用武力来解决问题了"。这段简短的发言是清晰明了、言之有理的精品论证。汉尼拔显然并没有在之前提案的基础上再让步,会谈因此结束了,敌对双方的指挥官各自回营。

双方都认识到了第二天的决战可能造成的结果——"迦太基人为自身安全和统治非洲而战,罗马人则是为主宰世界而战。有谁能在读到对这样一场交锋的叙述时无动于衷呢？因为不可能找到更骁勇的士兵,更成功、更精通用兵之道的将军,事实上,时运女神也从未向同场竞技的军队提供过比这更辉煌的优胜奖"(波利比乌斯)。如果说奖品很丰厚,那么失败的代价也很惨重。因为如果罗马人被击败,就会在异国他乡的内陆陷入孤立,而如果构成迦太基最后堡垒的军队被击败,迦太基也一定会从此一蹶不振。第二天早上天亮时,交战双方的指挥官率军出营,排兵布阵,接受这场终极试炼,他们都强调了上述这些关键因素。

西庇阿骑在马上,在阵列间穿行,对他的部下讲了一些适合的话。波利比乌斯的记载必然只是大意,而非准确记录,却很符合西庇阿的性格,值得拿出来说一下。"记住你们过去经历的战役,像无愧于心、无愧于国家的勇士一样去战斗吧。牢记这一点,如果你们战胜了敌人,不仅将成为毋庸置疑的非洲之主,还会为自己和国家赢得对世界其他地区无可争议的控制权和主宰权。但如果这场战役的结果并非如此,那些在战斗中英勇战死的人将永远沐浴在为国捐躯的荣光之中,而那些逃跑苟全性命的人将在悲苦与耻辱中了却残生。因为在非洲,没有一个地方能保你们平安,如果你们落入迦太基人手中,用常理想都能想明白,等待着你们的会是怎样的命运。既然时运女神为我们提供了无上光荣的奖品,我祈祷你们之中没有一个人会活着遭受那种命运;如果我们仅仅因为贪生怕死而拒绝这至伟之物,选择那至恶之物,那么我们可真是怯懦到家了,不,是愚蠢到家了。所以向着两个目标去迎敌吧,要么胜利,要么死亡。被这种精神激励的人必定总能战胜对手,因为他们上战场的时候已经将生死置之度外。"对于这次演讲,李维说:"他说出这些话时,身姿笔挺,脸上洋溢着喜悦,不禁让人以为他已经获胜了。"

另一边,汉尼拔命令外国雇佣兵的各位指挥官向自己的部下讲话,迎合他们贪求战利品的心理,并嘱咐他们要对胜利充满信心,因为有他本人和他带回来的部队参战。对于迦太基士兵,他命令他们的指挥官重点强调,倘若罗马人取胜,他们的妻儿将会遭遇怎样的苦难。然后,他亲自对自己的部下讲话,提醒他们十七年来的袍泽之情和不败战绩,在特雷比亚河对现在这位罗马将军之父取得的胜利,以及在特拉西梅诺湖和坎尼取得的胜利——"我们即将参加的这场战斗与那些战役不可同日而语"。说到这里,他叫他们打量一下敌军,自己看看,罗马人的人数比他们少,甚至只有他们在意大利战胜过的军队的一个零头。

双方指挥官的部署有几个要点值得注意。西庇阿把他的罗马重装步兵——他大概有两个军团——放在中央;莱利乌斯率领意大利骑兵居于左翼,右翼则是马西尼萨和他所有的努米底亚兵,包括骑兵和步兵,步兵可能是从中央往外延伸,骑兵在他们的外侧。

重步兵按常规的三线阵排列,先是青年兵,然后是壮年兵,最后是老兵。但是他没有采用通常的棋盘式阵型,即第二列的中队正对着第一列中队之间的间隔,将其填补,而是将构成后面两条战线的中队排列在第一线各中队的正后方。这样一来,他就在每个大队之间构造出了宽阔的通道——每个大队主要由一个青年兵中队、一个壮年兵中队和一个老兵中队组成。

他的目的有两个:一方面,化解汉尼拔战象的威胁,预防战象攻击扰乱他队列的危险;另一方面,方便他的散兵出击和撤退,让自己这台机器能够运转顺畅。他把这些轻装步兵部署在第一线的间隔

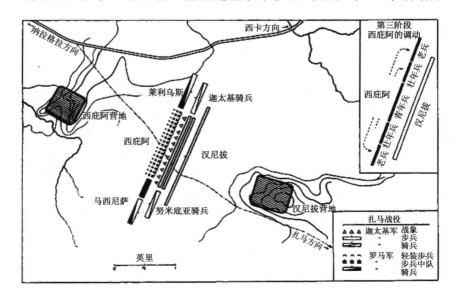

中,命令他们发起战斗,如果他们被大象的冲锋逼退,就撤回来。甚至连这样的撤退,他都给出了专门的指示,命令那些来得及的人从这些直道往后退,直接退到军队后方,而那些被追上的人则要在经过第一线的时候立刻右转或左转,沿着两线之间的旁道前进。这种英明的准备工作减少了伤亡,保证了运行顺畅,提高了攻击力——真正实现了战力节约。它甚至可以被称为现代疏散队形的起源,因为二者的目标相同——通过制造空旷的间隔来抵消敌方抛射物的影响,通过分散来缩小目标,唯一的区别在于,汉尼拔的抛射物是动物,而不是矿物。

这位迦太基人有八十头大象,比以往任何一场战役都要多,为了恐吓敌人,他把大象放在阵前。第一线支援它们的是利古里亚和高卢雇佣兵,混杂着巴利阿里人和摩尔人的轻装部队。这些都是马戈起航回国时带着的部队,大约有一万两千人,认为这一部分兵力全都由轻装部队组成是一个很常见的历史错误。

汉尼拔把迦太基和非洲兵以及马其顿部队部署在第二线,他们的兵力加在一起可能超过了第一线。最后是汉尼拔自己的部队,组成了第三线,与其他部队相距两百码以上,显然是为了把它作为一支完整的预备部队保留下来,并降低它在指挥官起意之前卷入混战的风险。汉尼拔将骑兵布置在两翼,左侧是努米底亚盟军,右侧是迦太基骑兵。他的总兵力可能超过了五万人,也许有五万五千人。罗马的兵力就没那么确定了,但如果我们假定西庇阿的两个军团中的每一个军团都配有同等兵力的意大利同盟军,再加上马西尼萨的一万人,如果军团满员的话,全部兵力大约是三万六千人。也可能更少,因为自从离开基地后,兵力在之前的作战中肯定会有一定的损耗。

荷兰画家科内利斯·科尔特(Cornelis Cort)的《扎马战役》(*The Battle of Zama*，1567)。

　　第一阶段——在努米底亚骑兵之间已经展开了初步的小规模战斗之后，汉尼拔命令驭象人向罗马人的战线发起进攻，战斗开始。西庇阿立即用整条战线上震耳欲聋的号角声胜过了对手的王牌。这刺耳的噪音使大象受到了惊吓，许多大象立刻转身逃跑，冲向了自己人。左翼的情况尤甚，汉尼拔最优秀的骑兵侧翼努米底亚人正要向前推进、准备进攻时，却被这些大象冲撞得七零八落。马西尼萨抓住这个宝贵的机会发动了进攻，这必然会击溃乱作一团的对手。在马西尼萨的穷追猛打下，他们被赶出了战场，就这样将迦太基人的左翼暴露了出来。

　　其余的大象在西庇阿的轻装步兵中造成了很大的破坏，他们在罗马军阵前被大象的冲锋赶上了。但是从结果来看，提供"通道"和规定撤退方法的先见之明是正确的。因为大象走的是阻力最小的路线，贯穿了这些小道，而没有面对重装步兵中队的坚实队列。它们一旦进入这些小道，已经退入处于两线之间旁道的轻装步兵就从左右两边用标枪攻击它们。这场欢迎仪式过于"热烈"，当逃生之门大开时，它们不敢久留。一些大象直接冲到罗马军队后方的开阔地带，没有造成任何伤害，另外一些大象则被赶出了小道，向迦太基人的右翼逃去。此时，罗马骑兵用密密麻麻的标枪迎接它们，而迦太基骑兵却无法效仿，这样一来，大象自然会倾向于不那么讨厌的一方。"就在这时，莱利乌斯利用大象造成的骚乱，向迦太基骑兵发起了冲锋，逼得他们匆忙逃跑。他紧追不舍，马西尼萨也一样。"汉尼拔的两侧就这样双双暴露出来。坎尼那种决定性的机动再次上演，却掉了个个儿。

西庇阿无疑是一位战术"反伤"大师，他的先见之明和用兵之道能够让敌人最优秀的武器反过来作用在他们自己身上，正如曾经的伊利帕和现在的扎马。大象冲锋本可以起到何等决定性的作用，从它们一开始在轻装步兵中造成的破坏便能看出。

第二阶段——与此同时，两军的步兵已经"以气势汹汹的战阵向对方缓慢推进"，只是汉尼拔把自己的部队留在了原地。一边响起了罗马人嘹亮的战吼，另一边则是多种语言的呐喊——像这样喊得不整齐，对士气也不利——两军的战线相遇了。起初，高卢人和利古里亚人凭借小规模战斗中的个人技巧和更快的移动速度占了上风。但罗马人的战线仍未被打破，他们的紧凑阵形还是拥有将敌人往回推的压迫力，尽管有一定的损失。还有一个因素也发挥了作用，罗马军的后方战线以呐喊鼓励前方的战友，并上前支援他们，而汉尼拔的第二线——迦太基人——却没有支援高卢人，而是为了保持队伍稳固而却步。高卢人被不断逼退，自觉已成己方的弃子，便转身逃跑。当他们试图寻求第二线的庇护时，却遭到了迦太基人的拒绝，后者认为必须避免任何可能使罗马人穿透他们战线的混乱，这样的军人本能看似合理，但或许并不明智。高卢人恼羞成怒，现在又士气低落，他们中的很多人试图在迦太基人的队伍中强行打开一个缺口，但后者显示出他们并不缺乏勇气，将高卢人赶走了。在很短的时间内，迦太基军第一线的残兵已经彻底散开，或者绕过第二线的侧翼消失了。后者也逼退了罗马军的第一线青年兵，证实了自身的战斗素质。在这件事情上，他们得到了一个人为障碍的帮助，那就是尸横遍野、因血而变得湿滑的地面，它扰乱了罗马人的进攻队伍。壮年兵见第一线被击退已是板上钉钉，甚至连他们也开始动摇了，但他们的军官却在这千钧一发之际将他们集结起来，带领他们向前冲，恢复了局面。这次增援起到了决定性作用。因为罗马军的阵形正面更宽，可以兜住迦太基军的战线，后者被包围起来，渐渐被击溃了。幸存者逃回到相对较远的第三线，但汉尼拔继续执行他的政策，拒绝让逃亡者混入并扰乱这条秩序井然的战线。他命令他的"老兵卫队"最前面的队伍将矛对准他们，形成一道抵御他们的屏障，他们被迫向侧面和更远处的开阔地带撤退。

第三阶段——现在，一场几乎是全新的战斗拉开了帷幕。罗马人"遭遇了他们真正的对手，那些人的武器装备、作战经验和辉煌战绩都与他们不相上下……"后面这场战斗的激烈程度和许久未见分晓的战况证实了李维的赞美之词，也拆穿了那些妄称汉尼拔的"老兵卫队"实力不及曾经的特拉西梅诺湖和坎尼时期一个零头之人的谎言。

罗马人连续击溃了两条战线，以及骑兵和大象，士气占优，但他们现在要面对的，是一支由两万四千名老兵组成、阵形紧凑、一直在养精蓄锐的队伍，直接听从汉尼拔的指示。在激励将士这件事情上，历史上没有一个人表现得比他更加精力充沛。

罗马军也终于有了人数优势，不过优势并不大——波利比乌斯说，双方的部队"人数几乎相等"——实际上还要比表面上看起来更小。因为汉尼拔的第三线一直在养精蓄锐，而西庇阿这边只有老兵还没有参战，这部分兵力只有青年兵或壮年兵的一半。此外，轻装步兵已受重创，不得不降为预备队，而骑兵则远离战场，忙于追击。因此，对于这最后一击，供西庇阿支配的步兵不可能超过一万八千或两万人，这还没算已经遭受的伤亡。

他的下一个步骤很有个人特色——即使是在一场战斗中的千钧一发之际，他也能冷静地考虑问题。面对这堵巨大的人墙——排成方阵的迦太基人看上去就是这副模样——他用号角召回前方部队，他们像一群训练有素的猎犬一样作出反应，这也证明了他们的纪律性。然后，面对近在咫尺的敌人，他不仅重整了军队，还改组了阵形！他的问题出在这里——对抗敌人的前两条战线时，罗马军的阵形比迦太基军的方阵浅，中间还有间隔，正面更宽，因此可以兜住敌方的正面。现在，面对一支两倍兵力于己的队伍，他的正面不再宽于汉尼拔，可能还不及对方。他显然考虑到了这一因素，同时也考虑到了另外两个因素。首先，为了将投射武器的冲击力集中到一起作最后一搏，使他的战线尽可能地紧实才是明智之举，而这是可以做到的，因为中队之间的间隔不再需要保留，且优势不再。其次，由于他的骑兵随时可能重返战场，因此，保持传统阵形的纵深，并利用壮年兵和老兵直接支持和增援前线，也就没有任何优势可言了。打击应当在时间上尽可能地集中，打击面尽可能地拉宽，而不是分批次进行。因此，我们看到他让青年兵靠拢，构成没有间隔的紧凑中军。然后，他以类似的方式将壮年兵和老兵的各一半向外捏合，并将其推进到每个侧翼的延长线上。这样一来，他现在这条连续战线按照从右到左的顺序,就是一半老兵,一半壮年兵、青年兵,另一半壮年兵,另一半老兵。此时,他的战线再次兜住了敌人的战线。西庇阿在一场重要战斗中灵光乍现想出来的这种新奇阵形,英国读者应该会特别感兴趣。因半岛战争和滑铁卢战役而名垂青史的那条"线"[1]就是在这里诞生的,而西庇阿比威灵顿早两千年揭示了这样一个真理:长而浅的线列是能够将火力发挥到最大的阵形,它使得尽可能大比例的兵力发挥出火力——无论是子弹还是标枪——这也符合战力节约原则。西庇阿的步兵在最后阶段的任务,是把汉尼拔的部队固定住,以待骑兵将要进行的决定性机动。就这项任务而言,猛攻的烈度和宽度比耐久度更重要。西庇阿从容不迫地进行了这次再部署——他把最后的缠斗拖延得越久,就越能为他的骑兵重返战场赢取时间。马西尼萨和莱利乌斯追出去太远,因此给罗马步兵和西庇阿的计划造成了不必要的压力,也是不无可能。因为波利比乌斯告诉我们,当双方步兵遭遇时,"胜负在很长一段时间里都是悬而未决,而士兵们心意已决,殒命在所立之处,直到马西尼萨和莱利乌斯有如神助般地在最需要他们的时候赶到"。他们在敌人后方的冲锋决定了战局,虽然汉尼拔的将士大部分都顽强地战斗到了最后,却在行伍间被砍倒。溃窜的人中少有得以逃脱者,先前那些逃亡者的处境也没好到哪里去,因为西庇阿的骑兵扫荡了整个平原,由于一马平川的开阔地形,他们的彻底追击没有遇到任何障碍。

波利比乌斯和李维一致认为,迦太基人及其盟友的损失为两万人被杀,几乎同样多的人被俘。至于另一方,波利比乌斯说"超过一千五百名罗马人战死",而李维则说"胜利者中有多达两千人战死"。这个差异可以用"罗马人"一词来解释,因为李维的总数显然包括了同盟军。

---

[1] 指威灵顿将步兵排成长线列的"细红线"(thin red line)战术。红指的是英军制服的颜色。——译者注

历史学家普遍认为这些数字被低估了,在古代的战役中,给出的统计数字总是把胜者的损失降到最低。阿尔当·迪皮克(Ardant du Picq)是一位知识渊博、拥有从军经历的思想家,他向我们展示了这些深居简出的历史学家们的谬论。即使是在现代的战役中,战败的一方也是在胜负已决后才会遭受最惨重的损失,实际上就是对不抵抗者或无组织者的屠杀。且不说机枪了,就连子弹都还不存在,无法对胜利者造成最初的损失时,这种伤亡人数不成比例的情况能有多少?只要阵形完好,死亡人数就会比较少,但是当阵形陷入孤立或瓦解时,屠杀就开始了。

"汉尼拔与一些骑兵在混乱中逃脱,来到哈德鲁梅,他在战斗中和交战前已经尝试了所有的权宜之计,之后才退出战场;西庇阿也承认,汉尼拔那天的排兵布阵非常高明"(李维)。波利比乌斯的赞美之词同样毫不吝啬:"首先,他与西庇阿会谈,试图以一己之力结束这场纷争;这表明,虽然他对自己以前的成功了然于心,但他并不信任时运女神,并且充分认识到意外事件在战争中的作用。其次是当他投入作战时的处理方式,不可能有其他任何指挥官在一场与罗马人的较量中作出比汉尼拔更好的部署。罗马军队的战斗队形是极难突破的,因为它不用经过任何变阵,就能使每一个人独立且与同伴一起在任何方向上排出一条战线,离危险最近的中队通过一个动作就可以转身面对危险。他们的武器既能保护他们,又能给他们带来信心,因为盾牌的尺寸和刀剑的强度足以承受多次打击……但尽管如此,为了应对罗马人的种种优势,汉尼拔还是展现出了高超的本领,采取了……他力所能及且有足够理由预期会取得成功的所有措施。因为他匆匆搜罗了那么多大象,并在战斗当天把它们放在前面,就是为了使敌人陷入混乱,扰乱敌人的队伍。他把雇佣兵放在前面,把迦太基人放在后面,是想等罗马人显出疲态、刀剑失去锋芒时再与之进行最终的对决……也是为了迫使像这样被前后夹击的迦太基人守住阵地，坚持战斗，用荷马的话说：'即使是不愿战斗的人也要被迫战斗。'"[1]

"他将麾下战斗力最强、意志最坚定的部队留在后方异常遥远的地方，让他们从远处预判和观察战斗进展，这样他们的体力和精神就不会有损耗，可以在合适的时机左右战局。如果说未尝败绩的他在采取了所有可能的办法确保胜利之后，终究还是未能如愿，那么我们必须原谅他。因为有些时候，时运女神会阻碍勇者的计划，还有一些时候，如谚语所云，'勇者会遇到更勇者'，我们可以说这种情况在汉尼拔身上发生了。"

波利比乌斯引用这句谚语，意思已经很明确了，这寥寥数语就是我们对这场战役的判断——一位作战大师遇到了一位更厉害的大师。汉尼拔面对的不是弗拉米尼乌斯（Flaminius）或瓦罗之流。摆在他面前的靶子不再是一位自以为是的罗马将军，因循守旧，对"战争的至高要素"一无所知，和最先在意大利遭遇汉尼拔的那些人一样，不愿意接受他的指导课程。在扎马，汉尼拔面对的是这样一个人，他凭借自己的远见，认识到骑兵优势才是战斗的主牌；他凭借自己的外交天才，很久以前就把汉尼拔的骑兵来源在精神上和实际上都化为己用了；他凭借自己的战略技巧，把敌人引诱到这样一处战场上，这种新获得的力量可以在这里充分发挥作用，并抵消他自身在其他兵种上的人数劣势。

很少有哪位指挥官如此贴切地诠释了那句老生常谈的套话"取得并保有主动权"的含义。从西庇阿不顾正统派典范费边的意见、向迦太基而不是"敌人的主要武装力量"[2]进兵的那天起，他就一直在

---

[1] 出自《伊利亚特》第四卷300行。——译者注
[2] 两千年后，这依旧是正统军事观中不可动摇的教条，尽管1914年至1918年的那场战争已经给了我们惨痛的教训，当时的各路军队都在绞尽脑汁与敌人最坚固的堡垒死磕。

牵着敌人的鼻子走。作为心理大师，他成功瓦解了敌人的士气，为最后的行动——在肉体上打败他们——铺平道路。这后续发展本身并不如其执行方式那样引人注目。西庇阿作为一名战术家，达到了和他的战略艺术同样登峰造极的境界，在这一点上，他几乎是独一无二的。伟大的名将中，可以说很少有谁的战术技巧能与战略技巧相匹敌，反之亦然。拿破仑就是一个例子。但是西庇阿在战争中实现了心理、精神和物质上的平衡与协调，在更广阔的领域也是一样，这使得他在历史的长卷中脱颖而出。因此，在扎马战场上，西庇阿不仅证明了自己有能力反击汉尼拔的每一个着力点，而且还反过来用后者自己的武器对其自身造成了致命伤。纵观历史记载，我们再也找不到一场两位伟大将领倾尽全力的决定性战役了。阿尔贝拉（Arbela）[1]、坎尼、法萨卢斯（Pharsalus）、布莱登菲尔德（Breitenfeld）、布伦海姆（Blenheim）、洛伊滕（Leuthen）、奥斯特利茨（Austerlitz）、耶拿（Jena）、滑铁卢、色当——所有这些战役都因一方或另一方的失误或无知而有了瑕疵。

[1] 指高加米拉战役，即公元前331年马其顿国王亚历山大打败波斯国王大流士三世的决定性战役。这场战役的地点被认为是在阿尔贝拉（今名Erbil）附近。——译者注

第十二章　　扎马之后

因为是大获全胜,根本没有战略追击的余地,但西庇阿毫不拖沓地利用了这场胜利对士气的影响。"他决定把所有能让现已惊慌失措的迦太基人更加惊恐的东西带给他们……他命令格奈乌斯·屋大维(Gneius Octavius)率领军团从陆路前往迦太基;他自己从乌提卡出发,在原来舰队的基础上又加上了伦图卢斯(Lentulus)的新舰队,航向迦太基的港口"(李维)。这次迅速的行动达到了目的,一次不流血的投降,从而避免了不得不围城的高昂代价,为他八年来的战力节约原则画上了一个圆满的句号。

在离迦太基港口不远的地方,他遇到一艘挂满了头带和橄榄枝的船。"船上有十位代表,都是这个国家的头面人物,应汉尼拔的要求被派来求和,当他们走到将军的船尾,伸出表示恳求的象征物,请求西庇阿的保护和怜悯时,得到的唯一答复是他们必须到突尼斯城来,他要把营地迁往那里。他对迦太基进行了一番观察,并没有抱着了解敌情的特殊目的,而是为了使敌人气馁,之后他回到了突尼斯城[1],把屋大维也召了回来"(李维)。移师途中,罗马军得到消息

---

[1]　原文如此,但李维的原文中为乌提卡。——译者注

称，西法克斯之子弗米纳（Vermina）正率大军前往援助迦太基。但是屋大维投入一部分步兵和全部骑兵拦截了他们的进军，将他们击溃，使其损失惨重，他的骑兵封锁了所有的逃跑路线。

突尼斯城的营地刚刚搭建好，来自迦太基的三十名使者就到了，为了利用他们的恐惧心理，西庇阿把他们晾了一天，没有给出答复。次日重新召见他们时，西庇阿首先简要地说明，不仅由于他们承认是他们开启了战争，还由于他们最近背信弃义，违反了誓要遵守的书面协议，因此罗马人没有义务对他们宽大处理。

"但为了我们自己，并且考虑到武运和人类的共同纽带，我们决定采取宽宏大量的态度。如果你们对当前情况判断正确的话，这一点对你们来说也会是显而易见的。因为如果我们对你们强加硬性的义务，或者要求你们作出牺牲，你们应该不会觉得奇怪，相反，如果我们对你们施以恩惠，你们应该感到惊奇，因为由于你们自己行为不端，时运女神已经剥夺了你们受人怜悯或宽恕的权利，使你们任由敌人摆布。"然后，他首先说明了给予他们的种种恩惠，接着又陈述了和平的条件——即日起，罗马人将停止破坏和掠夺；迦太基人将保留他们自己的法律和习俗，不会有罗马驻军；迦太基将恢复战前在非洲的所有领土，保留所有的牛羊、奴隶和其他财产。条件是——就停战期间对罗马人造成的伤害进行赔偿；交出当时夺走的运输船和货物；交出所有的战俘和逃兵。迦太基人要交出他们所有的战舰，只保留十艘三桨座战船，还要交出所有的大象，并且不再驯象——西庇阿显然比一些现代军事史学家更看重这些动物。未经罗马同意，迦太基人不得向非洲内外的任何国家开战。他们要把今后将要确定的边界内属于马西尼萨的或其祖先的所有领土和财产归还给他。他们要为罗马军队提供足够三个月的军粮，并支付军饷，直到和平使节团从罗马返回。他们要支付一万塔兰特的白银作为赔款，每年等额支付，为期五十年。最后，他们要交出一百名人质作为担保，由西庇阿从十四岁到三十岁的年轻人中选出。归还运输船是停战的直接条件，"否则就不会停战，也没有和平的希望"。

那可是公元前202年，再看看公元1919年！这些条件比起凡尔赛是多么温和。这才是真正的大战略——目标是更好的和平，安全与繁荣的和平。这里没有播下复仇的种子。必要的安全保障是通过让迦太基交出舰队、人质以及在迦太基隔壁安插一个强大而忠诚的监督人马西尼萨而得到的。但征服者的代价和被征服者的苦难都被控制在了最低限度。这种廉价的安全保障为罗马未来的繁荣铺平了道路，同时也很讲公道，使迦太基的繁荣复兴成为可能。

对于西庇阿宽宏大量、高瞻远瞩的温和态度，扎马之后的五十年和平足以为之正名，迦太基方面没有任何逾越行为。如果罗马的政客们也能像西庇阿一样贤明冷静，那么这份和平肯定会持续下去，迦太基会成为罗马的一个繁荣、安宁的附庸国，那句流传千古的名言"迦太基必须毁灭"（Delenda est Carthago）也不会化为可怕的事实，只会是一个上了年纪的"老顽固"昙花一现的陈词滥调，一代人的笑料，然后就会被忘得一干二净。此外，如果把和约条款交给西庇阿来执行，就不会把条款恶意曲解成那样，能够让一个长期为其所苦的国家没完没了地抱怨，但也仅限于抱怨。即便如此，尽管不断被人找茬，迦太基也还是和势力如日中天时一样繁荣、一样人丁兴旺，只有通过处心积虑、极其无礼的挑衅——命令市民毁掉他们自己的城市——才能逼迫这些擅长隐忍的商人反抗，从而让罗马人如愿得到抹杀他们的借口。

还要补充一点，西庇阿的温和态度得到了汉尼拔的响应，前者发起的真正的和平被后者忠实地执行，直到罗马元老院的深仇大恨逼得他离开正在由他重建和平繁荣的国家，流亡他乡。互为对手的两位伟大军人的远见和人道精神，给那些复仇心切、气量狭窄的政客作出了真正智慧的杰出榜样,这在历史上并不是最后一次。然而,汉尼拔为这种建设性的智慧付出了流亡他乡、被迫自杀的代价,而西庇阿付出的代价则是自愿从一个早已上演过"兔死狗烹"的国家流放,在流放中与世长辞。他在元老院中那些嫉贤妒能、心胸狭隘的政敌,在他对民众的影响力面前,并不能拒绝批准他的和平条件,而且一场灾难性的长期斗争有了这样一个令人满意的结局,也让他们暂时有了一种过于强烈的解脱感。但随着对于这场危险的记忆,以及他们多么勉强才得以脱险的记忆流逝,他们的仇恨受到的阻力变小了,他们也无法原谅"那个不屑于对使罗马人战栗之罪施以严惩的人"。

当西庇阿向迦太基使节宣布了和平条件后,他们立即将这些条件汇报给迦太基元老院。他的温和并没有马上在恰巧"对和平没兴趣,又不适合战争"的与会者中引起反响。其中一位元老正要反对接受这些条件,刚开始发言,汉尼拔就上前把他拖下了讲坛。其他成员对这种违反元老院惯例的行为感到愤怒,于是汉尼拔再次起身,承认是自己冒失了,请求他们原谅这种"有失体面"的行为,他说,大家都知道,他九岁去国,过了三十六年才回来,其间并没有经历过较为实际的辩论。他请他们好好想一想他的爱国心,因为他违反元老院惯例正是出于此。"我们作为个人,以及作为一个整体,对罗马是如何打算的,任何迦太基市民都心知肚明,可竟然有人不为在罗马人的摆布下取得了如此宽厚的条件而感谢上天,这简直让我感到震惊,而且完全无法理解。如果几天前有人问你们,倘若罗马人胜利,你们的国家预计会有怎样的遭遇,你们甚至都无法表达你们的恐惧,因为在当时看来简直是灭顶之灾。所以现在我恳请你们不要争论这个问题,而是一致同意这些条款,大家一起祈祷罗马人民能批准这份条约吧。"[1]他

---

[1] 这虽然是罗马人对汉尼拔发言的说法,但和平条款证明了这些被归到他头上的意见是合理的,如果他没有对和平产生影响,罗马人也不太可能把不属于他的功劳算在他头上。

的一席话仿佛常识的微风,驱散了尘埃,使他们清醒了过来,于是他们投票接受了这些条款,元老院立即派出使节,令其同意这些条款。

他们在遵守停战的先决条件时遇到了一些困难,因为他们虽然能够找到运输船,却无法归还船上的货物,因为大量货物依然掌握在不妥协派手中。使节们被迫请求西庇阿接受金钱补偿,他也并没有在这件事情上为难他们,为期三个月的休战就这样决定并应允了下来。

派往罗马的使节都是从这个国家的头面人物中选出来的——因为罗马人曾经就之前那批使节年龄太小、缺乏威信一事表示不满——其中有一位哈斯德鲁巴·海杜斯(Hasdrubal Hædus)更能讨得罗马元老院欢心,他始终在鼓吹和平,长期与巴卡家族派系作对。作为发言人的他巧舌如簧,拍元老院的马屁,说他们公平正义、光明磊落,又在委婉承认自身罪过的同时让这份罪过显得没那么十恶不赦,由此给元老院留下了好印象。

元老院的大多数人显然是赞成和平的,但继承了克劳狄乌斯执政官职位的伦图卢斯也继承了他捡现成的野心,对元老院的决定提出了抗议,因为他一直在为把非洲分配给自己而游说,并指望如果能保持战争的余烬不灭,就能实现自己的野心。但他的想法很快就落空了,因为当这个问题被提交给人民大会时,他们一致投票认为元老院应当讲和,并授权西庇阿予以应允,而且由他一个人带领军队回国。因此元老院达成一致意见,迦太基使节回来后,双方按照西庇阿提出的条件缔结了和约。这些条件得到了如期遵守,西庇阿下令将五百艘战舰拖到外海,付之一炬——此为迦太基霸权的火葬堆。

西庇阿的敌人在之后的那些年里经常含沙射影地表示,他开出的条件之所以温和,是因为他担心较为苛刻的条件可能会将这场战争拖长,迫使他与继任者共享这份荣耀。由于一些历史学家也暗示了这种庸俗的动机,所以有必要强调两个完全可以驳倒这种诽谤的事实。其一，迦太基从那时起便已无能为力，只能坐以待毙；其二，罗马人民在这最后阶段压制住了所有想要取代他的尝试。在扎马之后，整个罗马激情澎湃、热血沸腾之时，无论是多么跃跃欲试的篡位者，都不会有一丝一毫的成功可能。

在离开非洲之前，他先确保马西尼萨在自己的王国站稳了脚跟，并把西法克斯的土地赠送给他，为了确保他的忠实助手们得到奖赏，不惜推迟自己的凯旋式。然后他的任务终于完成了，他撤走了占领军，让他们登船驶向西西里岛。抵达那里后，他将大部分军队从海上

O FORMOSVM SPECTACVLVM.

17 世纪佛兰德画家雅各布·内夫斯（Jacob Neefs）的铜版画，描绘了西庇阿的凯旋式。

运走，自己则从陆路穿过意大利，凯旋的队伍很长，因为不仅每个城镇的人都前来向他致敬，乡下人也把道路挤得满满当当。抵达罗马后，他"在一场盛况空前的'凯旋式'中进城，之后从战利品中分配给每个士兵四百阿斯"。也是在这个时候，他得到了"阿非利加努斯"这一附加名，成为"第一位以源自他所征服土地的名称而闻名的将军"。这个名字是由他手下的士兵或朋友授予他的，还是民间给他起的绰号，还不能确定。

人民的热情如此高涨，以至于他完全可以获得一个比任何绰号都更有明确意义的头衔，无论是多么尊贵的头衔。我们从提比略·格拉古（Tiberius Gracchus）[1]多年以后在西庇阿职业生涯至暗时刻的一次演讲中得知，人民吵着要求立他为终身执政官和独裁官，他严厉斥责了他们，因为这分明是在奋力把他捧上王权的高度，即使名义上不是，实际上也是一样。因为格拉古当时是在谴责他漠视保民官的权威，这一事实的可靠性也就更有保证了。从这次演讲中，我们还得知，西庇阿"阻止人们在集会场、演讲台、元老院议事堂、朱庇特神庙和朱庇特内殿为他竖立雕像，他还阻止了一条法令的通过，这条法令要求描绘他以凯旋式装扮从朱庇特神庙离开的形象……像这样的细节，即使是敌人在谴责他时也承认……会显示出一种罕见的高尚精神境界，将自己的荣誉限定在作为公民的身份框架内"（李维）。

这份奖赏岂止是唾手可得，根本就是被硬塞进他手里的，试问历史上还有谁能舍弃如此丰厚的奖赏？辛辛纳图斯（Cincinnatus）出任独裁官完成使命后回到了他的农庄，流芳千古，然而发生在西庇阿身上的这件事不仅可以与之相提并论，更是使之黯然失色。让一个朴实的部落成员遵从一个原始国家的传统，抑或是让一个修养很高、通

---

[1] 西庇阿的女婿、著名的格拉古兄弟之父。——译者注

晓世故、胸怀大志的人放弃一个至高无上的文明强国实质上的王权，哪一种考验更严厉呢？再来对比一下西庇阿的行为与恺撒面对民众的叹息、不情不愿地拒绝献上来的王冠那一幕，那还是他与自己的党羽事先安排好的。在评价世间伟人时，除了纯粹的宗教人物外，我们往往主要根据具体成就和心理素质来作出判断，却忽略了道德观——人们已经注意到了，在执行和平与战争政策时，这三个方面之间同样缺乏协调。甚至这种对成就的检验也是基于数量而不是质量。恺撒的作品广为人知，而西庇阿对于受过教育的普通人来说，基本上是只知其名，这反映出我们历史标准很奇怪，他们中的一个人开启了罗马文明主宰世界的进程，另一个人却是为它的衰败铺平了道路。

　　能够让西庇阿如此克己的高尚思想境界已经很了不起了，考虑到他的年龄，就更难得了。不难想象，一个人在生命的最后阶段可能会对雄心壮志的目标看得很开，因为体验过这些东西的华而不实，会

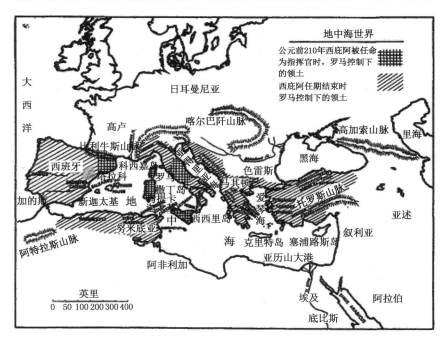

对其嗤之以鼻。但是一个才三十五岁就已经登上了功成名就之巅的人，竟然也能做到这一点，就是人性的奇迹了。难怪同胞们对他的态度渐渐从吹捧变成了吹毛求疵；也难怪历史学家们把他遗忘了，因为如此崇高的思想境界超出了普通人的理解范畴——而普通人讨厌他们无法理解的事物。

第十三章　　稍息

在罗马国祚中最关键的八年里充当核心人物的西庇阿,在余生中只是偶尔出现在历史的聚光灯下。他曾在物质上拯救了罗马,现如今,他隐退为私人公民,试图在道德上拯救她。如果一个人曾经获得如此难以企及的名望,却能将自己的野心和利益抛之脑后,表示国家高于个人,那么他的榜样就可能会影响后世。终极的自我牺牲一直是世界文明中最强大的道德力量之一。只可惜西庇阿的榜样力量被马略、苏拉和恺撒等人的自私自利埋没了。

要追溯他职业生涯的后半段,也是时间较长的那段,是很困难的——帷幕只在一系列简短的场景中拉开。我们听说他关心麾下士兵的安置问题;对他每一个曾在西班牙和非洲服役的老兵按照服役一年两英亩的比例分配了土地。扎马之战过去三年后,他当选监察官(censor),这个职位不仅是高阶政务官之一,还被视为政治生涯的顶点。顾名思义,两名监察官负责进行人口普查(census),这不仅仅是登记,也是检查公共和私人生活情况的时机。届时,监察官会发布关于他们打算施行的道德规范的法令,处罚违规行为,并选择元老院的新成员。监察官无需为他们的法案负责,唯一的限制是禁止连任,以及没有两位监察官的一致同意,任何法案都是无效的。西庇阿的任职期似乎异常和谐，在处罚方面也无可指摘。

我们要等到公元前192年才再次听说他的事迹，而这件事也再次成为他宽宏大量、眼界开阔的例证。在扎马之后的七年和平时期，汉尼拔一直在新的领域施展才能——恢复迦太基的繁荣，改善迦太基的行政制度。但是在这项工作中，他得罪了很多同胞。他努力保护人民的自由，中止了司法权的滥用——这种滥用使人想起威尼斯最糟糕的时代。同样地，他还发现，如果不开征新税，岁入就无法筹措每年支付给罗马的赔款，于是他调查了侵吞公款现象，而这正是这种不完善行政制度的根源。一直在掠夺公众财物的那些人勾结起来，奉法官[1]之命，挑唆罗马人对付汉尼拔。罗马人对这位迦太基伟人的恐惧还没有消退，他们一直在满怀嫉妒和猜疑地观望迦太基的商业复兴。他们如饥似渴地抓住了这样一个干预的借口。然而我们从李维那里了解到，"西庇阿·阿非利加努斯长期以来都在积极反对这种做法，他认为，与针对汉尼拔的仇恨和指控为伍，非常有损于罗马人民的尊严；将公权力介入迦太基人的派系纷争，觉得在战场上战胜那位指挥官还不够，还要走司法程序起诉他……"西庇阿的反对虽然拖延了时间，却无法阻止那些卑鄙小人的复仇欲望——这一年的执政官是加图——罗马派使团到迦太基去控告汉尼拔。汉尼拔意识到受审纯属徒劳，决定趁早逃跑，他乘船前往推罗（Tyre），一路上更多的是为国家而非自己的不幸而悲叹。

第二年年初，西庇阿第二次当选执政官，与他共同当选的是提比略·隆古斯（Tiberius Longus），巧合的是，他们的父亲曾在汉尼拔战争的第一年里共同担任执政官。西庇阿的第二个执政官任期相对比

---

[1] 迦太基的最高司法机关"百人会议"，由104名成员组成，其权力凌驾于元老院之上。在汉尼拔改革前，成员终身任职。汉尼拔将任期改为一年，并禁止连续两年担任法官。——译者注

较平淡,至少在军事上是这样,因为元老院决定,由于没有直接的外部危险,两位执政官应当留在意大利。尽管西庇阿屈从了,却强烈反对这一决定,而历史也将再次证实他的先见之明,斥责那些目光短浅的罗马元老院议员的"静观其变"政策。

在扎马之战和他第二次担任执政官之间的这段时期,罗马在希腊打了一仗。扎马之战给予罗马人的行动自由,结合之前的某些因素,再次调整了罗马的外交政策,或者更确切地说,是初次调整。自从击退了皮洛士(Pyrrhus)之后,罗马就一直在向与近东不可避免的接触靠近。这里的三个大国是亚历山大大帝死后他的广阔领土分出来的三个帝国——马其顿、埃及和叙利亚,或者按照当时的说法,叫亚细亚。

罗马与埃及在八十年前结为同盟,二者的同盟由商业联系加以巩固。但马其顿国王腓力五世与汉尼拔结了盟,虽然他的帮助只是口头上的,没有实际意义,但进攻意大利的威胁还是促使罗马人在希腊诸国联盟的支援下向他发起了进攻。罗马在其他地方被掏空了资源,于是在公元前205年抓住了第一个机会,签订了一份并非决定性的和约。腓力利用罗马专心对付汉尼拔无暇他顾之机,与叙利亚的安条克(Antiochus)签订了夺取并分享埃及领土的契约。

但是在扎马之后,罗马可以随心所欲地响应盟友求助,也急于报复腓力派四千名马其顿人在最后一战中援助汉尼拔的偏袒行为。然而元老院只得谎称腓力即将入侵意大利,才能说服渴望享受和平成果的人民大会投票同意。在狗头山(Cynoscephalæ),军团战胜了方阵,腓力被迫接受和平条款,这些条款使他的国家沦为像迦太基一样的二流强国,被剥夺了国外的占领地,未经罗马同意不得开战。

可是罗马元老院并没有意识到,这边除掉了马其顿的威胁,那边与叙利亚国王安条克的战争就成了必然,因为罗马一统天下的浪潮显然预示着他自己迟早会被淹没。罗马实际上已经先把迦太基吞了进去，然后是马其顿，而安条克并不喜欢扮演约拿（Jonah）这个角色[1]。地中海世界太小了，一山难容二虎。安条克为自己"万王之王"的浮夸头衔洋洋自得，决定趁此良机采取主动，扩大自己的领土。公元前197年至前196年，他征服了整个小亚细亚，甚至进入了色雷斯。

他的下一个目标显然是希腊，罗马人却看不出来，不过西庇阿看出来了。他在一场预言性的演说中表示，"有充分的理由担心即将与安条克发生一场危险的战争，因为他已经自己主动踏入欧洲；当他一方面受到罗马人的不共戴天之敌埃托利亚人[2]的怂恿，另一方面又受到以战胜罗马人而闻名的将军汉尼拔的鼓动（汉尼拔最近入驻了安条克的宫廷），因而对战争蠢蠢欲动时，元老们以为他将如何行动呢？"但元老院就像谚语中的鸵鸟一样，拒绝了这个建议，决定不仅不向马其顿派遣新的军队，还要把已经在那里的军队带回国遣散。如果把马其顿作为西庇阿的任职地分配给他，那么来自安条克的危险可能就会被扼杀在萌芽状态，也能防止他后来入侵希腊。

在政治上，他这一年任期的主要特点是在意大利各地广泛推行罗马公民殖民地安置政策——这是为了预防汉尼拔入侵后意大利诸国那种危险的反叛。西庇阿本人享有被监察官指定为首席元老的荣誉，这个职位除了荣誉之外，比被它取代的主持元老的影响更大。因为主持元老的职能仅限于现代"议长"的职能，而首席元老既可以发

---

[1] 约拿是《圣经》中的一位先知。上帝派他去尼尼微城劝人改悔，约拿不愿执行，乘船逃跑。船在海上遇到风浪，约拿要求船上的人把他扔进海里，风浪平息。上帝派来一条大鱼将约拿吞入腹中，约拿在鱼腹里向上帝祷告并答应前往尼尼微，三天后，大鱼把约拿吐在了岸上。——译者注

[2] 指埃托利亚同盟，古希腊以反对马其顿和亚该亚同盟为初衷而建立的部落和城邦联盟，曾与罗马结盟对抗腓力五世，后又对罗马产生不满，转而与安条克结盟对抗罗马。——译者注

表意见，也可以主持会议。

这一年里唯一的重大战事是在意大利西北部，那里的因苏布雷和利古里亚高卢人以及波伊人发动了一次周期性的起义。该地为另一位执政官隆古斯的任职地，他对波伊人动兵了。他发现他们兵力雄厚、意志坚决，便赶紧派人去找西庇阿，请他与自己合兵一处，如果他觉得合适的话。然而，高卢人见这位执政官采取守势，也猜到了原因，在西庇阿赶到之前就立刻发动了进攻。很明显，罗马人侥幸逃过一劫，但这场战役完全不具有决定性，他们平平安安地撤退到了波河畔的普拉森提亚（Placentia），而高卢人则撤回自己的土地。

后续情况就不清楚了，不过有些作家说，西庇阿与他的同僚会师之后，在树林和沼泽地允许他前进的范围内蹂躏了波伊人和利古里亚人的土地。无论如何，他都去了那里，因为据记载，他是从高卢回来举行选举的。他的任期内还有另外一件事，在他的提议下，元老院议员们首次在罗马节上获得了专门预留的单独席位。虽然许多人认为这是一项早该授予的荣誉，但也有一些人激烈反对，认为"元老院的威严每增加一分，人民的尊严就减少一分"，这种做法突出了阶级意识，如果说这五百三十八年来普通席都已经很好了，那么现在为什么要改呢？"据说，最后连阿非利加努斯自己都后悔在执政官任上提出了这件事：要让人们同意改变长久以来的习俗，实在是太难了"（李维）。

所有这些都是微不足道的小事；然而西庇阿出于善意，考虑到了他人的舒适和体面——却并不能增进他自己的舒适和体面——这可能是他昔日对人民的影响力被削弱的原因之一，而人民曾经是他与目光短浅的元老院对抗时的依靠。

选出继任者后，西庇阿又一次隐退，而没有像退休的执政官经常做的那样，去掌管一个海外行省。后世有一两位罗马历史学家试图探究这种情况背后的动机。于是，加图的传记作者科尔内利乌斯·奈波斯（Cornelius Nepos）说，西庇阿想把加图调离西班牙行省，自己接替他，由于没有得到元老院的同意，西庇阿为了表示不满，便在执政官任期结束后隐退。普鲁塔克在他的加图传中又否定了这一说法，说西庇阿实际上接替了加图在西班牙的职位。除了这两位后世作家已知与史实不符之处外，这种卑鄙的做派也不符合关于西庇阿性格的所有确定事实。我们知道，加图和西庇阿一向水火不容，但是就记录下来的发言来看，始终都只有加图一个人怀恨在心，西庇阿的希腊文化在他看来，就像公牛眼里的红布，西庇阿对迦太基的温和态度更是有过之而无不及。这个人总是重复"迦太基必须毁灭"这句陈词滥调——怕不是黄色新闻[1]的老祖宗——无法容忍那个精神境界和声望都高于自己的人妨碍到自己，他的小心眼儿也不安分，直到促成迦太基和西庇阿的毁灭。如果可以将单方面的怨恨称为不和的话，那么他们的不和是从扎马开始的，当时，作为财务官的加图在西庇阿手下任职，早已对他的希腊习惯恨之入骨，甚至不想和他生活在同一座军营里，将军在分配战利品时对士兵极为慷慨，也遭到了加图的激烈反对。

幸亏有一些外在的事实推翻了奈波斯和普鲁塔克在这件事情上的说法。元老院作出了遣散加图在西班牙军队的决定，同时也拒绝了西庇阿把马其顿作为执政官任职地分配给自己的要求，并遣散了那里的军队。于是加图回国，在西庇阿的执政官任期刚开始时获得了一场凯旋式。既然没有军队，显然也就没有前执政官的位置，这就说明西庇阿希望在执政官任期结束后赴任西班牙的说法是站不住脚的。

然而，他留在罗马而没有谋求去其他海外行省的真正动机并不

---

[1] 指耸人听闻的煽动性报道，有点类似我们现在所谓的"震惊体"。——译者注

难猜。他曾预言了来自安条克的危险，由于元老院对此不予考虑，双方必有一战，所以西庇阿希望到时候自己能在场，为他觉得必将到来的召唤作好准备。他是对的，因为汉尼拔当时甚至还建议安条克远征意大利，汉尼拔一如既往地主张，在意大利作战是打败罗马的唯一秘诀，因为这样的入侵会削弱罗马人力物力财力的最大值。汉尼拔提议给自己一支部队，在非洲登陆，召集迦太基人，作为筹备，与此同时，安条克进驻希腊观望，准备在时机成熟时横扫意大利。

汉尼拔的一名特使，一个名叫阿里斯托（Aristo）的推罗人，在迦太基被反汉尼拔派系告发。阿里斯托逃了出来，但这一发现引起了迦太基人的内斗，让马西尼萨认为侵吞其领土的时机已经成熟。

迦太基人遣使去罗马告状，马西尼萨也遣使去为自己辩护。迦太基使节团因对阿里斯托出使和逃跑的描述引起不安，而马西尼萨的特使则是煽起了怀疑的火焰。元老院决定派一个代表团去调查，西庇阿被提名为三人中的一员，但是在调查后，三人"完全拿不准，他们的意见没有任何倾向性"。这次未能作出裁定，不太可能是西庇阿的缘故，因为他对当事双方都十分了解，也很有影响力，完全可以当场解决争端。但李维暗示道，代表们可能是奉元老院之命，放弃解决这件事，他还补充说，就总体情况来看，"让这场争端悬而未决方为上策"。他的意思大概是说，由于汉尼拔正在计划入侵，让迦太基人忙于此事，没那个精力去支持他，才是明智之举。

这一年的年底发生了一件事，照亮了西庇阿的职业生涯——不如说照出来的是黄昏。贵族执政官空缺的两位候选人，分别是狗头山战役胜利者的兄弟路奇乌斯·昆克提乌斯·弗拉米努斯（Lucius Quinctius Flamininus）和与阿非利加努斯同名的同父异母兄弟[1]普

---

[1] 原文如此，但他实际上是阿非利加努斯的伯父格奈乌斯之子，也就是阿非利加努斯的堂弟。——译者注

布利乌斯·科尔内利乌斯·西庇阿。

李维巧妙地道出了选举结果："最重要的是两位候选人的兄弟，这个时代最著名的两位将军，使得竞争变得更加激烈。西庇阿的名声更响亮，相应地也更遭人嫉妒。昆克提乌斯的名声在时间上比较近，他在同年获得了一场'凯旋式'。此外，到目前为止，前者已有将近两年[1]的时间频频出现在人们的视线中；这种情况会使伟大的人物不那么受人尊敬，仅仅是因为人们看腻了。""昆克提乌斯受公众青睐，因为他的所有资历都是新鲜的，是最近取得的；自凯旋式以来，他既没有向人民要求过什么，也没有从人民那里收受过什么；他说他拉票是为了自己的亲兄弟，而不是同父异母的兄弟；是为了他作战时的副官和战友"——他的兄弟曾指挥舰队与马其顿的腓力作战。"他凭借这些论据达到了目的。"路奇乌斯·昆克提乌斯当选了，而西庇阿·阿非利加努斯又遭遇了更进一步的挫折，尽管有他为自己的老战友和副手莱利乌斯拉票，后者还是未能当选平民执政官。群众永远薄情、健忘，喜欢后起之秀胜过迟暮英雄。

与此同时，战争的阴云正在东方聚积。安条克把女儿嫁给了埃及国王托勒密，保障了后方的安全。然后，他向以弗所（Ephesus）进发，但由于与皮西迪亚人进行了一场局部战役，耽搁了时间。爱琴海对岸的埃托利亚人正努力挑起与罗马人的战争，并为安条克寻找盟友。罗马则相反，被经年累月的战事折腾得疲惫不堪，想尽一切办法推迟或避免与安条克的冲突。为此，元老院向他派去了一个使节团，李维说，根据阿奇利乌斯（Acilius）用希腊语书写的记录，西庇阿·阿非利加努斯也在这个使节团中。使节们去了以弗所，中途停留在那里时，"千方百计地促成了与汉尼拔的频繁会谈，为的是试探他的意

---

[1] 原文如此，但李维的原文中为近十年的时间，指的是从扎马之后西庇阿回到罗马到现在（公元前193年年底）的近十年。——译者注

向,并消除他对自己遭受罗马人威胁的恐惧"。这些会面有一个附带的后果,虽然是间接的,却很重要,那就是他们的会面被上报给安条克之后,安条克对汉尼拔起了疑心。

但假设阿奇利乌斯的证言是可靠的,我们在这些会面中最感兴趣的,是对西庇阿和汉尼拔之间的一次对话的记载。在这次对话中,西庇阿问汉尼拔:"你认为谁是最伟大的将军?"后者回答说:"亚历山大……因为他以一小支军队打败了人数无法估量的大军,还一路打到了最遥远的地方,仅仅是去那些地方参观都已经是人类所难以企及的了。"西庇阿又问:"排在第二位的是谁?"汉尼拔回答说:"皮洛士,因为他最先传授了安营扎寨的方法,此外,他在地势选择和排兵布阵上表现出来的敏锐判断力无人能及;同时,他还掌握了收拢人心之术,以至于意大利本地人甚至希望被他这样一位异邦君主统治,也不愿被罗马人统治……"西庇阿接着问道:"排在第三位的又是谁?"汉尼拔回答说:"毫无疑问,是我自己。"听到这个回答,西庇阿笑了,又说:"如果你战胜了我,你会怎么说?""那么我不仅会把汉尼拔排在亚历山大和皮洛士前面,还会排在其他所有将帅前面。"

"这个答案透着布匿人的机灵劲儿,还传递出一种出人意料的恭维意味,让西庇阿十分领情,因为这是把他当成了一位无与伦比的人杰,与一众将帅截然不同。"

使节团并没有从安条克那里取得什么直接成果,因为这位"万王之王"为他在亚洲的成功而过分膨胀,骄傲自大,对自己的实力过于自信,根本无法从迦太基和马其顿身上吸取经验教训。他的军力衡量标准完全只是数量。

罗马元老院终于意识到战争不可避免,而且迫在眉睫,于是开始为这场新的斗争作准备。他们的第一个步骤是提前举行执政官选举,以便为来年作好准备;新的执政官是上一年落选的普布利乌斯·

西庇阿和马尼乌斯·阿奇利乌斯(Manius Acilius)。接下来,巴埃比乌斯奉命率军从布隆迪西乌姆(Brundisium,即布林迪西)渡海进入伊庇鲁斯(Epirus),使节也被派到了所有的同盟城市,抵制埃托利亚人的宣传。尽管如此,埃托利亚人还是通过外交和武力双管齐下的方式取得了一定的成功,除了在整个希腊引起普遍的骚动外,还竭力催促安条克的到来。要是他的精力和他的信心差不多的话,他很可能在罗马人有能力妨碍他之前就控制了希腊。此外,他还自掘坟墓,抛弃了汉尼拔的计划和对非洲的远征,只因嫉妒让他产生了恐惧,他担心如果汉尼拔被授予了执行权,便会被舆论视为真正的指挥官。甚至当他带着不足的兵力姗姗来迟、在希腊登陆时,还把兵力和时间浪费在了对色萨利城镇小打小闹的攻击和在哈尔基斯(Chalcis)的游手好闲上,从而错失了留给他的机会。

与此同时,在罗马,执政官抽签决定了任职地;希腊落到了阿奇利乌斯手中,他要带去的远征军在布隆迪西乌姆集结。为了军队的给养,军需官被派到迦太基和努米底亚去采购军粮。迦太基人不仅表示要无偿赠送,还提出自费装备一支舰队,并一次性付清之后多年的年度贡金,这既证明了迦太基人积极履行与罗马条约的精神,也证明了西庇阿在扎马之后的政策是明智的。然而,罗马人不知是出于骄傲的自立精神,还是不喜欢欠迦太基人情,总之拒绝了他们的舰队和金钱,并坚持要花钱购买军粮。

在所有这些准备工作面前,安条克意识到了自己的危险,只是为时已晚。他的盟友埃托利亚人只提供了四千人,他自己的部队在亚洲耽搁了,此外,他还疏远了坚定地站在罗马一方的马其顿国王腓力。他带着区区一万兵力的部队在温泉关(Thermopylae)驻扎,但没能重现名垂千古的斯巴达人的英勇抵抗,被击溃了。于是,安条克把他的埃托利亚盟友抛下不管,自己乘船逃回了爱琴海对岸。

然而罗马并不愿安于这样一个结果。她认识到,在希腊,她的军队打败的只是安条克的先头部队,而不是他的军队主力,除非他被制服,否则永远都是威胁。此外,只要他从以弗所控制小亚细亚,罗马的忠诚盟友帕加马人和罗得岛人,以及爱琴海对岸亚洲一侧的希腊城市,就都掌握在他的手中。所有这些动机都迫使罗马反侵略。

汉尼拔的大战略眼光再一次被证明是正确的,因为他表示"他毫不怀疑他们会来,让他感到惊讶的是,罗马人竟然还没到亚洲"。这一次,安条克听从了这位伟大谋士的建议,加强了驻防,并一直保持着海岸巡弋。

第十四章　　最后阶段

面对仅次于汉尼拔战争的极度紧急情况，罗马在旧的救世主中寻找着新的救世主。即便这一次的危险没那么大，距离上也没那么近，至少风险看上去肯定要更大，因为她的军队正在冒险进入陌生的地区。罗马与亚洲文明之间的首场实力较量即将上演，而战场之遥远令人牵肠挂肚，只能通过漫长又不牢靠的交通线与祖国取得联络。紧急情况的刺激复苏了人们的记忆，罗马在面对这场全新的考验时，想起了上一次拯救她的那个人，他已经等候多年，为那个他早有预言、别人却充耳不闻的场合作好了准备。然而，西庇阿·阿非利加努斯并没有亲自参选执政官——原因很难猜。可能是他认为嫉妒的势力太强，不想冒这个风险，也可能是对上一年落选的兄弟路奇乌斯的爱护与同情，激励阿非利加努斯把这个机会让给后者。阿非利加努斯的荣耀已经足够了，在他的整个职业生涯中，他始终乐于与副手分享他的荣耀。他不会去嫉妒别人的名声，那是小人才会干的事儿。他的目的是为国效力，无论如何，他知道如果路奇乌斯是执政官，他自己就能行使实权——凯旋式完全可以以路奇乌斯的名义举行。

兄弟的当选得到了保证，与他一起当选的平民执政官则是阿非利加努斯昔日的副手盖乌斯·莱利乌斯。西庇阿可能是做了这方面的工作,目的是确保无论希腊落到谁手里,他都能对作战行动产生影响。然而偏偏这两个人都当选了,这就让他处于一种左右为难的立场,不得不支持他的兄弟与他的朋友竞争。因为两位执政官自然都想要得到希腊,这意味着率军与安条克作战。莱利乌斯对元老院有很大影响力,他请元老院来决定——抽签的不确定性太大,不合他的口味。路奇乌斯·西庇阿请求给自己一些时间用来征求意见,并与阿非利加努斯商议,"后者希望他毫不犹豫地把这个问题留给元老院"。然后,在人们预计会有一场冗长的辩论时,阿非利加努斯在元老院起身发言,说"如果他们决定把希腊分配给他的兄弟路奇乌斯·西庇阿,那么他将作为副官与之同行"。这个提议"得到了几乎全员的一致认可",解决了争议,近乎全票通过。

虽然很明显阿非利加努斯设计了这个结果,但我们对一个成为罗马历史上最杰出的指挥官之后还能屈居下属之人的高尚品格的欣赏,并没有因这一事实而打了折扣。即便采取了圆滑的手段,动机也还是无比纯粹的——拯救自己的祖国,把奖赏留给别人。除了血缘关系外,他无疑也觉得通过自己的兄弟执掌实际控制权比通过莱利乌斯更有把握——虽然路奇乌斯面对埃托利亚人时的顽强驳斥了蒙森关于他是"草包"的判断。两位优秀将领执掌同一份指挥权的搭配并不好。这种行为没有破坏西庇阿·阿非利加努斯与莱利乌斯的友谊,就很能说明这两个人的优秀品质了,莱利乌斯晚年还为波利比乌斯提供了关于西庇阿伟岸崇高的证词,这证明了他慷慨大度的本性,当然也证明了西庇阿的卓越品质。

除了将要从阿奇利乌斯手中接过的、正在希腊的两个军团外,执政官还得到了三千罗马步兵和一百骑兵,另有来自拉丁同盟的五千步兵和两百骑兵。此外,得知阿非利加努斯即将出征,四千名参加过与汉尼拔战争的老兵自愿参战,只为再次"在敬爱的指挥官手下"服役。

远征军于公元前 190 年 3 月（罗马历的 7 月）出发，但进军亚洲的行动要被推迟，因为元老院固执地拒绝给予埃托利亚人合理的和平条件，迫使他们重新拿起武器，在山区据守顽抗。说来也怪，一向以温和的政治要求促成军事目标的西庇阿，现在却要因别人的极端而受阻。

当西庇阿兄弟在伊庇鲁斯登陆时，他们发现原定接手的这支军队被阿奇利乌斯彻底卷入了这场游击战。阿非利加努斯走在前面，而他的兄弟则率领主力部队跟在后面。他们到达阿姆菲萨（Amphissa），会见了雅典的使节，对方先是对阿非利加努斯陈说，之后对执政官陈说，请求对埃托利亚人宽大处理。"他们从阿非利加努斯那里得到的答复比较温和，他正希望有一个体面的借口来结束与埃托利亚人的战争，并且已经把目光投向了亚洲和安条克国王。"阿非利加努斯一贯深谋远虑，显然实际上是他激励了雅典人的这次出使，以及向埃托利亚人派遣使者。在作为和平使者取得胜利一事上，西庇阿甚至要胜过豪斯上校（Colonel House）[1]。由于雅典人的劝说，埃托利亚人向罗马军营派出了一个大型使团，并从阿非利加努斯那里得到了一个令人无比振奋的答复。但是当这个决定按照必经流程被提交给执政官时，他的答复很强硬——他用拳头击穿了自己的兄弟精心编织的罗网。第二批使节也遭到了同样顽固的拒绝。然后，雅典的使节团团长建议埃托利亚人只请求为期六个月的停战，以便他们可以遣使去罗马。这个建议的真正来源太明显了，根本不需要猜。于是埃托利亚人的使节回来了，"首先向普布利乌斯·西庇阿提出申请，又通过他从执政官那里得到了他们想要的停战期"。

就这样，通过外交手段，阿非利加努斯保障了交通线的畅通，也

---

[1] 美国外交家，威尔逊总统在一战和巴黎和会期间的智囊，曾协助起草凡尔赛和约和国际联盟盟约。——译者注

解放了他的军队；他争取和平解决、避免节外生枝的决意，是战力节约和专注于真正目标的实例。

执政官从阿基利乌斯手中接管军队后，决定率领他的军队通过马其顿和色雷斯进入亚洲——走陆上的远路而不是海上的近路，因为安条克在以弗所有一支舰队，汉尼拔在腓尼基（Phœnicia）还有一支舰队，专门用来阻止他们渡海。阿非利加努斯虽然赞成这条路线，却还是告诉他的兄弟，一切都取决于马其顿国王腓力的态度："如果他忠于我们的权威，就会为我们提供一条通道，以及一支军队长途行军所需的全部粮草和物资。但如果他在这件事情上背弃了你，你在色雷斯的任何地方都不安全。因此，在我看来，首先应该确定国王的意向。如果我们派去的人突然出现在他面前，不给他提前准备的时间，才是对他最有效的考验。"

这个建议非常周密，也洞察了人的心理，据此，一个特别活跃的年轻人提比略·格拉古被派去了，他骑的是轮换的马，速度非常快，用了不到三天时间便从阿姆菲萨赶到了佩拉（Pella）——相当于快要从科林斯湾（Gulf of Corinth）到萨洛尼卡（Salonika）了——正赶上宴会上的腓力"酒过三巡"。这有助于打消对他正在酝酿什么对策的怀疑，次日，格拉古看到了堆积如山的粮草、河流上架好的桥梁和加固过的山路——全都为罗马军队的到来作好了准备。

之后他策马赶回军中，这样一来，军队穿过马其顿就心里有底了。军队经过腓力的领地时，腓力出面相迎并作陪，李维说"他表现得非常亲切友好，谈吐不俗，深得阿非利加努斯欢心，后者虽然在其他方面都无人能及，却并不排斥这种颇有分寸的殷勤"。之后军队继续推进，穿过色雷斯，到达赫勒斯滂——即达达尼尔海峡——走的似乎是和薛西斯（Xerxes）一样的路线，只是方向相反。

他们能够如此轻易地穿过达达尼尔海峡，既是由于安条克犯下的错误，也是由于他们自己舰队的行动。罗马海军指挥官李维按照指示驶向达达尼尔海峡，目的是夺取守卫海峡通道的要塞。当罗得岛盟军舰队在萨摩斯岛（Samos）被偷袭打败的消息传到李维这里时，西斯塔斯（Sestos）——今迈多斯（Maidos）——已经被占领，阿卑多斯（Abydos）——今恰纳卡莱（Chanak）——正在商议投降。他放弃了他的主要目标——这一行动原本可能会打乱西庇阿的计划——转而向南航行，以恢复爱琴海的海上形势。然而在一些漫无目标的行动之后，汉尼拔的舰队到来并被打败——这是他的第一次也是最后一次海战——地中海的形势变得明朗起来。8月，罗马人取得了第二场胜利，这次是战胜了安条克的爱琴海舰队，确保了罗马人的制海权。

　　安条克这边，失去制海权导致他为求安全而采取了行动，然而这个行动实际上却起到了反效果。他对保护自己在达达尼尔海峡对岸的领地的能力感到绝望，命令驻军从利西马基亚（Lysimachia）撤退，"以免那里被罗马人孤立起来"。鉴于利西马基亚就位于当今的博拉伊尔（Bulair）附近，根本无需强调，要强行攻克古时候把守着加里波利半岛地峡的博拉伊尔防线会有多么困难。[1]守军极有可能坚持到冬天。也许除了海战失利外还有另一个因素，那就是他未能与比提尼亚国王普鲁西阿斯（Prusias）结盟——这个国家的海岸线一部分在黑海，一部分在马尔马拉海。安条克遣使前往，想要利用普鲁西阿斯对被罗马吞并的恐惧，但西庇阿的大战略眼光又一次使他预见到了这一招，并采取措施将其挫败。在到达加里波利的几个月前，西庇阿便给普鲁西阿斯写过一封信，消除这种恐惧。他在信中说，"他把成

---

　　[1]　指成书时刚过去不久的第一次世界大战中的加里波利之战，博拉伊尔位于加里波利半岛上。协约国为突入达达尼尔海峡而进行了这次海上登陆作战，以失败告终，且伤亡惨重。——译者注

为盟友的西班牙小酋长留在那里当国王。他不仅让马西尼萨重建了父亲的王国，还让他拥有了西法克斯的王国"——多么巧妙的暗示！

西庇阿兄弟抵达埃诺斯（Ænos，或 Enos）时，海战胜利和敌军从利西马基亚撤离这两个消息传来，他们如释重负，向前推进并占领了这座城市。他们在那里停留了几天，等辎重和病患赶上来，之后沿着切索尼斯（Chersones）——即加里波利半岛——行军，到达海峡，横渡时未遇任何阻挠。然而阿非利加努斯并没有和他们一起横渡，因为他作为塞利祭司团的一员，要承担宗教职责，所以被留在了后面。他的这一身份要求他在这个神盾的节日[1]期间必须留在原地，直到这个月结束——而没有阿非利加努斯，军队就失去了动力，以至于"他因为自己而造成了耽搁，直到他赶上军队的其他人"。他在军事上的特点绝不包括无益的拖延，所以这件事情足以说明他的虔诚是真实的，并不仅仅是激励麾下将士的心理工具。当军队正在等他的时候，安条克的一名使节来到了营地，因为他奉国王之命要先对阿非利加努斯陈情，所以在讨论他此行的任务之前，他也一直在等！

"他将最大的希望寄托在西庇阿身上，因为西庇阿拥有海纳百川的胸怀，各种荣耀应有尽有，所以会非常倾向于讲和，除此之外，所有的国家都知道他是什么样的征服者，无论是在西班牙，还是后来在非洲；也因为他的儿子当时是安条克的俘虏"（李维）。不确定他的儿子是如何被俘的，是在远方的骑兵侦察中，还是如阿庇安所言，是更早些时候在海上被俘的。

在一次全体会议上，叙利亚使节提出了和约的基本原则——既然安条克已经撤出了欧洲，他将放弃小亚细亚与罗马结盟的希腊城市，并支付罗马人战争费用的一半。会议认为这些让步还不够，主张

---

[1]　每年 3 月，祭司们要手执据称是努马国王统治时期从天而降的神盾及其复制品，在罗马城中游行，唱歌跳舞。人在城外的祭司必须在原地停留一个月。——译者注

安条克应当放弃爱琴海沿岸的所有希腊城市，为了确立一块广阔、安全的中立地带，他还应当放弃占领托罗斯山脉（Taurus mountains）以西的小亚细亚全境。此外，他应当支付全部的战争费用，因为他是这场战争的始作俑者和发起者。

因此使节遭到了断然拒绝，于是他奉命寻求与阿非利加努斯私下会谈。"使节首先告诉西庇阿，国王不需要赎金就可以把儿子还给他；随后，由于对西庇阿的性情和罗马人的习惯都缺乏了解，国王还答应给他一大笔黄金，以及在其统治范围内的绝对伙伴关系，只有国王的头衔除外——如果安条克能通过他获得和平的话。"对于这番巴结讨好，西庇阿回答道："当我发现你对派你来此的那个人的军事境况认识不清时，你不了解一般的罗马人和派你来此要找的人，也就是我，这一点就不会让我感到那么惊讶了。如果你们打算向为战争结果焦虑不安的敌人求和的话，那么你们应当守住利西马基亚，阻止我们进入切索尼斯（加里波利），或者是在赫勒斯滂反抗我们，阻止我们渡海进入亚洲。但你们把进入亚洲的通道向我们敞开之后，不仅给自己装上了辔头，还给自己套上了轭[1]，当你必须服从命令时，哪还有什么平等条件可以谈呢？我会把我的儿子视为国王慷慨赐予的一份厚礼。我向诸神祈祷，我的境况永远不至于需要其他的东西；我的心灵当然也永远不会需要那些东西。他对我如此慷慨，我自是感激不尽，如果他想要一份私人的人情，那么我个人确实会报答他的这份恩情。但站在公众立场上，我既不会接受他的任何东西，也不会给予他任何东西。我现在能给的只有逆耳忠言。你去以我的名义告诉他，希望他停止战争，不要拒绝任何和平条件"（李维）。波利比乌斯对这最后一句话的说法略有不同："为了回报他在关于我儿子这件事

─────────────────────

[1] 波利比乌斯的说法是"不仅被装上了嚼子，还让人骑了上去"——虽然没那么生动形象，但听起来似乎更切中要害，也更有可能发生。

情上的承诺，我要给他一句忠告，其价值完全抵得上他给我的这份人情——无论作出什么让步都可以，无论做什么事都行，就是不要与罗马人交战。"

这个建议没有对安条克产生任何影响，他决定继续推进已经十拿九稳的军事准备工作。执政官的军队随后向东南推进，经由特洛伊，向吕底亚（Lydia）进发。"他们在凯科斯河（Caicus river）的源头附近安营扎寨，为急行军对战安条克准备粮草，以便在无法作战的冬天到来之前将他击溃。"安条克在锡亚蒂拉（Thyatira）——今阿克希萨尔（Akhissar）——迎战。此时此刻，就在最后一幕的帷幕即将拉开、西庇阿即将收获他的战略的报偿时，命运却插了一脚。他生病卧床，不得不被送往沿海的埃勒亚（Elæa）。安条克听闻此事，便派人护送他的儿子回到他身边。儿子的意外归来让西庇阿甚为欣慰，病也好得快了。他对护卫说："告诉国王，我很感谢他，眼下，我能给他的回报唯有我的建议：那就是先不要交战，直到他听到我归队的消息。"——西庇阿的意思显然是说，如果由他来负责，至少可以保证安条克的生命安全。

虽然国王拥有六万两千步兵和一万两千骑兵的大军，但他认为这个建议十分合理，便退到赫马斯河（Hermus river）对岸，在马格尼西亚（Magnesia）——今马尼萨（Minissa）——构筑了一个坚固的营地。然而，执政官跟在他身后，见他拒不出战，就召开了一次作战会议。虽然罗马人总共只有两个军团，以及等量的同盟军团，还有一些地方支队——合计三万人左右——但他们的判断是一致的。"罗马人从未如此藐视过任何敌人。"然而，他们并不需要攻取安条克的营地，因为就在第三天，安条克担心无所作为会影响军队的士气，便出营挑战。

虽然罗马人最终取得了决定性的胜利，但他们显然缺乏阿非利加努斯的战术技巧，甚至一度陷入困境，即使还没到危险的地步。因为当罗马人突入敌人中军，他们的大批骑兵正在攻击敌军左翼时，安条克亲率右翼骑兵渡过了几乎无人看守的河，攻击执政官的左翼。左翼的部队被击溃，逃往营地，只是留下来统兵的那位军政官坚决果断，才使他们重整旗鼓，避开了危险，直到援军赶来。安条克在这里受挫，见敌方集中重兵与自己对战，便逃向了萨迪斯（Sardis），他那支残军的幸存者也跟了过来。继续抵抗已然无望，他在西部的领地土崩瓦解，属国也纷纷与罗马媾和。因此，他退到了阿帕梅亚（Apamea），并从那里向身在萨迪斯的执政官派遣了一个和平使团，阿非利加努斯的身体刚刚好转到可以承受旅途劳顿，就从埃勒亚赶到了这里。

在使团到达之前，条件就已经决定了，而且众人一致同意由阿非利加努斯来传达这些条件。"西庇阿一开始就说，胜利从不会让罗马人变得比以前更严厉。"条件与马格尼西亚战役之前提出的完全一致，当时胜负还未定，并没有因安条克当下的无能为力而增加分毫。安条克要退到托罗斯山脉的另一边；要支付一万五千优卑亚塔兰特的战争费用，一部分需立即支付，其余的分十二年付清，并交出由罗马人挑选出来的二十名人质，作为他诚信的保证。此外，安条克还要交出汉尼拔，因为"很明显，罗马人永远不可能指望与他所在的地方共享太平"，以及另外一些众所周知的战争煽动者。然而汉尼拔在得到这项条款的风声后，便前往克里特岛避难了。

这些条款与在非洲和希腊的条款一样，有一个显著的特点，就是罗马人只追求安全与繁荣。只要是西庇阿在指导罗马的政策，就会避免吞并及其所有的危险和麻烦。他的目的只是为了确保罗马的利益和影响力能够在和平的环境中处于主导地位，并确保它们不受外部威胁。这是真正的大战略，没有试图吞并安条克正常的领地，仅仅是强迫他退到一条理想的战略边界——托罗斯山脉——之外，并扶植了一系列拥有主权的缓冲国，作为托罗斯山脉和爱琴海之间的第二道防线。这些国家确实是罗马的盟友而不是属国，而通过加强和奖励在整场战争中忠心耿耿的盟友，小亚细亚也得到了整顿，以确保安全。如果西庇阿的继任者们没有撤销他的政策，走上决定命运的吞并之路，历史的进程又将如何改变呢？面对蛮族入侵时，他们发现地中海世界的国家已经彻底罗马化了，以至于早已忘记了被束缚的感觉，却也因这一事实而萎靡不振，成了罗马的一大消耗和软肋。西庇阿计划建立的是一圈阳刚的前哨站，取而代之的却是一圈政治阉人。

对于与安条克和解，以及罗马铲除地中海最后的威胁这件事，最后的这句评论很有意思，路奇乌斯·西庇阿回到罗马时，"他选择了亚细亚提库斯（Asiaticus）这一称号，这样他在附加名上就不会逊于自家兄弟了"。他还采取措施确保自己的"凯旋式"比阿非利加努斯因战胜迦太基而获得的凯旋式更有排场。阿非利加努斯得到的唯一奖赏就是被第三次指定为首席元老。

第十五章　　黄昏

　　西庇阿的稳健和深谋远虑的政策，在扎马之后的那些年里曾经削弱了他的影响力，现在却要导致他政治上的没落。事件的先后顺序不太清楚，但大致情况是很清楚的。以加图为首的一帮目光短浅之人无法满足于解除敌人的武装，还要求消灭他们，这帮人对这种新鲜的、通过仁慈和智慧实现的和平感到非常懊恼，以至于把怒火发泄在和平的缔造者身上。由于无法解除和约，他们便谋划着要让西庇阿身败名裂，并抓住受贿这一点，视其为最合理的指控。老实说，像加图这样的人或许根本想象不出对战败的敌人手下留情还能有什么别的理由。不过他们似乎还很聪明，没有先向兄弟中较强的那个人发难，针对的是弱点而不是长处，要的就是通过他的兄弟间接打击阿非利加努斯。

　　他们的第一步似乎是控告路奇乌斯挪用安条克支付的赔款。阿非利加努斯对这一指控非常气愤，当他的兄弟正在出示账簿时，他一把抢来，撕成碎片，撒在元老院的地上。这种行为并不明智，但非常符合人性。设身处地想一想，一个人为罗马作出了无可比拟的贡献，把她从逼到家门口的致命威胁中解救出来，并把她培养成无人挑战也无法挑战的世界霸主，然后，正如他愤然所言，他给国库增添了两亿塞斯特斯,却被要求解释四百万塞斯特斯的去向。我们也必须记住,西庇阿现在是一个病人,很快就将因这种病而死,而病人往往都很暴躁。还有一点毫无疑问,他标志性的极度自信,在疾病缠身的晚年发展到了近乎傲慢的地步。波利比乌斯向我们讲述了这样一个故事,不知是在这次审判中,还是在后来的审判中,总之有那么一次,他刻薄地反驳道:"罗马人民听取对普布利乌斯·科尔内利乌斯·西庇阿的指控简直是大逆不道,因为指控他的那些人正是因为他才有了说话的权力。"当王权被塞到他手里时,他拒绝了,甘愿继续做一名私人公民,但他希望看在自己为国家立下汗马功劳的分儿上,能够得到一定程度上的特殊照顾。

然而这种挑衅行为给了他的敌人垂涎已久的机会。佩提利乌斯氏族(Petilii)的两名保民官在加图的唆使下,开始控告他收受安条克的贿赂,以换取宽厚的和平条件。这个消息让整个罗马群情激奋,议论纷纷。"不同性格的人们对这件事情的解释也不同;有些人并不将其归咎于保民官,而是归咎于全体社会公众,他们竟能忍受事情发展到这一步"(李维)。经常有人这样说:"结果世界上最伟大的两个国家几乎是在同一时间被证明了对首席指挥官的忘恩负义;但这两个国家中更忘恩负义的还要数罗马,因为迦太基是在战败时把战败者汉尼拔流放了,而罗马却是在胜利时将胜利者阿非利加努斯放逐了。"

反方认为,任何公民都不应该站在那么高的位置上,以至于不必为自己的行为负责,而将最有权势的人送上审判席堪称一剂良药。

约定的开庭日到来时,"其他任何人,甚至包括担任执政官或者监察官时的西庇阿本人,从未像他以被告身份出庭的那天一样,在前往古罗马广场时有那么多人护送"。案件开庭后,保民官试图翻他在西西里岛冬营地时奢侈的希腊习惯和洛克里事件的旧账,以抵消没有任何确凿证据这一点。声音是佩提利乌斯氏族的两名保民官发出来的，但所采用的措辞显然是加图的。因为加图不仅是费边的门徒，而且他本人在西西里岛时也曾提出过一些站不住脚的指控，都被调查委员会驳斥了。而后，经过这番口头上的烟云之后，他们又释放出了毒气。由于缺乏证据，他们指出了他的儿子未付赎金就被送回去这件事，以及安条克向西庇阿提出和平提案的方式。"在执政官的任职地，他对待执政官的态度就仿佛自己是独裁官，而非副官。他到那里去，理由只有一个，就是想让希腊和亚洲看到，只有他才是罗马霸权的领袖和支柱，这种信念在西班牙、高卢、西西里和非洲早已深入人心；一个称霸世界的国家不过是在他西庇阿的影子下；他的首肯就相当于元老院的法令和人民的命令。"

保民官说得再怎么头头是道，也难以掩盖如此拙劣的论据，用李维的话说，他们的目的就是"尽可能地用嫉妒去攻击像他这样一个没有任何污点的人"。诉讼一直持续到傍晚，审判被延期到第二天。

第二天早晨，当保民官就座，被告被传唤答辩时，他的回答很有特点。双方都拿不出什么像样的证据，除了因自尊心过强而不愿为自己辩解外，他也知道敌人和朋友都听不进去这些解释。因此，他用职业生涯中的最后一次心理反击，取得了一场激动人心的胜利。

"诸位保民官和罗马公民，今天是我在非洲与汉尼拔和迦太基人进行一场激战并幸运取胜的周年纪念日。因此，在这样一个日子里，我们还是停止诉讼和争吵比较合适，我马上要去朱庇特神庙，在那里向至善至伟的朱庇特、朱诺、密涅瓦以及其他掌管神庙和城塞的神明表示感谢，感谢他们在那一天和其他很多时候赐予我为国家做出非凡贡献的意志和能力。各位罗马公民，你们谁要是愿意的话，就跟我一起去恳求诸神吧，让你们也能有像我这样的指挥官。因为从我十七岁到年老时，你们总是在我年纪还不够时就提前将荣誉授予我，而我也总是在接受这些荣誉之前就已经立下了功劳。"

他随即向朱庇特神庙走去,在场的所有人都跟了过去;最后甚至连书记员和信使也跟了过去,空荡荡的广场上只剩下几位原告。"罗马人对他的爱戴,以及对他至伟人格的尊崇,几乎把这一天变得比他因战胜西法克斯和迦太基人而获得凯旋式、站在战车上穿行于罗马城的那一天还要盛大隆重。""然而这也是普布利乌斯·西庇阿光芒璀璨的最后一天。因为他能够预料到,自己将要面对的唯有因嫉妒而起的控告和与保民官持续不断的争论,审判被推迟到了将来的某一天,于是他退居位于利特努姆(Liternum)的庄园,下定决心不再出庭。他的灵魂天生过于高傲,也习惯了扶摇直上的运程,以至于他不知该如何扮演被告的角色,也不知该如何放下身段为自己辩护"(李维)。

延期之后的审判开庭了,叫到他的名字时,路奇乌斯·西庇阿称自己的兄弟因病缺席。提出控告的保民官拒绝接受,硬说这只是因为他习惯性地漠视法律,他们还责备人民跟着他到朱庇特神庙去,现在却不够果断。"当他统率一支军队和一支舰队时,我们足够果断,敢于派人去西西里岛……把他带回罗马,可我们现在却不敢派人强迫他离开田庄,出庭受审,尽管他是一个私人公民。"然而他们并没有得逞。路奇乌斯向其他保民官求情,那些人被感化了,表示既然提出了生病的理由,那么就应该接受这个理由,再度延期审理。然而有一名保民官提出了异议,他就是提比略·格拉古,大家都知道他与西庇阿不和,指望他作出更严厉的决议。然而他却表示"既然路奇乌斯·西庇阿以生病为由为他的兄弟求情,在自己看来,这番请求已经足够了;自己不会让普布利乌斯·西庇阿在回到罗马之前受到指控,即使西庇阿回到了罗马,如果他向自己求助,自己也会支持他拒绝出庭受审。普布利乌斯·西庇阿,由于他的伟大成就,由于他从罗马人民那里得到的荣誉,在诸神与凡人的一致同意下,已经登上了如此尊贵的高位，如果要他像一个罪犯一样站在讲台下，被一帮毛头小子侮辱，那么相比于他本人，罗马人民才是更丢脸的"。

李维补充说，格拉古作出判决之后，又发表了一番愤愤不平的演讲。"请问诸位保民官，著名的非洲征服者西庇阿难道要被你们踩在脚下吗？他在西班牙打败并击溃了迦太基最卓越的四位将军和他们的四支军队，难道是为了这个？他俘虏西法克斯，战胜汉尼拔，使迦太基向你们进贡，并且把安条克赶到了托罗斯山脉的另一边，难道是为了匍匐在佩提利乌斯氏族的两名保民官脚下？你们难道要从普布利乌斯·阿非利加努斯的手中夺过胜利的棕榈枝吗？"这番演说和他的判决让人深受触动，以至于元老院召开了一次特别会议，盛赞了格拉古，"因为他优先考虑的是公众利益，而不是私怨"。告发者遭到千夫所指，起诉被撤销了。

"此后便再也没有关于阿非利加努斯的消息了。他在利特努姆度过余生，完全没有重回罗马的想法，据说他临终时要求将自己就地安葬……这样一来，甚至连他的葬礼都不会在忘恩负义的祖国举行。"

似乎可以肯定，他在自愿流亡期间在利特努姆身故，时间可能是在公元前183年，但他的墓地在哪儿就不那么确定了，利特努姆和罗马都有他的墓碑。他去世时年仅五十二岁。无比巧合的是，他的伟大的对手汉尼拔也是在差不多同一时间去世的，甚至可能是在同一年——终年六十七岁。在马格尼西亚之后，他逃到了克里特岛，之后又到比提尼亚国王普鲁西阿斯那里寻求庇护。罗马元老院倒是很明白事理，意识到将他从最后的避难所赶走有失体面，但当地的指挥官弗拉米尼乌斯[1]却想唆使普鲁西阿斯杀害这个依赖他的客人，好让

---

[1] 原文如此（Flaminius），但李维的原文中为弗拉米尼努斯（Flamininus），即前面提到的那位狗头山战役胜利者提图斯·昆克提乌斯·弗拉米尼努斯（Titus Quinctius Flamininus）。——译者注

自己出风头。于是，汉尼拔服毒自尽，让刺客的计划落了空。

甚至在西庇阿死后，他的敌人都不肯善罢甘休。这反而"让他的敌人们更有精神了，这帮人的头目就是马尔库斯·波尔基乌斯·加图，此人甚至在西庇阿还活着的时候就已经习惯于对他的崇高人格冷嘲热讽"。在加图的唆使下，调查安条克贡金处置情况的要求被提了出来。现在路奇乌斯成了直接目标，虽然间接目标依然是他兄弟死后的名声。路奇乌斯和他的几名副官和幕僚被传讯。作出的判决对他们很不利，而当路奇乌斯声称自己收到的钱都进了国库，因此拒绝提供偿还担保时，他被勒令入狱。他的堂兄弟普布利乌斯·西庇阿·纳西卡（Publius Scipio Nasica）[1]提出了激烈且很有说服力的抗议，但裁判官宣布，鉴于这份判决，只要路奇乌斯拒绝偿还，他就别无选择。格拉古再次出面干预，想要使他的私敌免于耻辱。他利用自己的保民官权力，下令看在为罗马立功的份儿上释放路奇乌斯，取而代之的是判定由裁判官从路奇乌斯的财产中扣押应付的款项。于是裁判官派人去没收财产，"不仅没有发现任何从安条克那里收钱的痕迹，甚至将他的财产变卖之后都不够交罚款的"（李维）。这个证据足以令人信服地证明西庇阿兄弟是清白的，也引起了舆情的180度转变，"公众对西庇阿兄弟的愤恨反弹到了裁判官、他的顾问和那些控告者身上"。

然而，死后被正名这种事，并不能给晚年的阿非利加努斯带来慰藉。有谚语云："对伟人忘恩负义是强大民族的标志。"难怪罗马会成为古代世界的主宰。

---

[1]　即第十三章在执政官选举中败给路奇乌斯·昆克提乌斯·弗拉米尼努斯的那位。全名普布利乌斯·科尔内利乌斯·西庇阿·纳西卡。——译者注

第十六章　　罗马之巅

或许没有哪句军事格言能像拿破仑的这句一样被到处引用："阅读、反复阅读亚历山大、汉尼拔、恺撒、古斯塔夫·阿道夫、蒂雷纳（Turenne）、欧根（Eugène）和腓特烈的战役；以他们为榜样，这是成为伟大名将、掌握战争艺术之奥妙的唯一途径。"他还有另外一句箴言，是这样说的："关于卓越作战行动的学问，只能通过经验和对所有伟大名将的应用研究来获得。古斯塔夫、蒂雷纳、腓特烈，以及亚历山大、汉尼拔和恺撒，都是按照同样的原则行事的。"

在这里，拿破仑似乎挑出了六位、也可能是七位在战争史上最优秀的指挥官。无论有意无意，研究战争的学者中总有一种普遍的倾向，就是将拿破仑的名单奉为实力分级的金科玉律——而不仅仅是随口一提——再加上他自己的名字，就算完事儿了。诚然，有些人觉得把欧根算进来却把马尔博罗排除在外简直不可理喻，还有一些人把蒂雷纳去掉了，因为一种或许是错误的思想，认为伟大是巨大破坏的同义词，或者是出于一个稍微好点儿的理由，认为他的履历中缺乏同辈人取得的决定性成果。这样一来，人们就会发现，有不少评论者已经得出了一份名单，上面的三位古代指挥官——亚历山大、汉尼拔和恺撒——和三位现代指挥官——古斯塔夫、腓特烈和拿破仑——

堪称军事史上的喜马拉雅山峰。腓特烈凭借他的严重失误和最缺乏独创性的"斜线阵",优先级竟然能高过蒂雷纳和马尔博罗这样登峰造极的大师,这必将成为军事批评界的一大千古之谜。这里并不是探讨这一谬论的地方。在这里,我们要讨论的是古代世界的伟大名将,至于我们所希望的现代名将之间的比较,拿破仑本人已经给出了答案,因为他的至尊地位几乎无人质疑。

因此,我们通过三个方面的研究和检验——作为将军、作为人和作为政治家——将西庇阿与这三位伟大的古代名将进行一番比较。任何这样的比较都必须基于这些人需要应对的条件,以及他们将这些条件转化为优势的本领。

亚历山大享有专制权力的巨大资产,能够完全控制可用的军力和资源,在这方面,恺撒与其相差无几。即使是汉尼拔,纵然没有得到太多支持,但他的作战行动也没有受到小人的干涉,而西庇阿则是和后来的马尔博罗一样,不得不与小人抗争。

亚历山大战胜的是亚洲游牧民族,他们欠缺战术秩序与方法,纵有人数优势也枉然,正如拿破仑在他对马穆鲁克广为人知的评论中所表明的那样,亚洲军队的弱点与人数成正比。没有哪位评论家会把克莱武(Clive)[1]放到伟大名将的第一梯队,而亚历山大若不是因为才华横溢的机动和征服范围之广,他的地位也会像克莱武一样大打折扣。恺撒在伊莱尔达(Ilerda)和法萨卢斯之前,基本上也只不过是一个能干的"印度土兵将军",而且据称他自己也说过,他要"去西班牙打一支没有将军的军队,然后再去东方打一个没有军队的将军"。即便如此,由于并不明智的分兵,恺撒也曾两次被迫在兵力处于劣势的不利条件下作战。第一次是在季拉基乌姆(Dyrrhacium),

---

[1] 英国军人、政治家、外交家,不列颠东印度公司在印度建立霸权的关键人物。——译者注

他战败了,虽然他在法萨卢斯弥补了这次败北,但仅凭这唯一的一场大胜就说他拥有至高无上的将才,未免有些站不住脚。

但是,如果我们认可拿破仑的这句名言"在战争中,重要的不是军队,而是将领",那么最重要的事实是,亚历山大和恺撒的道路都被敌军指挥官的软弱和无知铺平了。只有汉尼拔和西庇阿一样,始终都在与训练有素的将军作战,而即使是在这种作战环境之间,条件也是汉尼拔占优。因为他的三次决定性胜利——特雷比亚河、特拉西梅诺湖和坎尼——战胜的将军们,不仅刚愎自用、莽撞冒进,而且还很愚蠢地瞧不起任何带有诡诈意味、并非正面硬碰硬的战术。汉尼拔深谙此道——他对特雷比亚河战役中要隐蔽起来以便从侧面攻击的部队说的话便是证明:"你们的敌人对这种战争艺术一无所知。"弗拉米尼乌斯和瓦罗都是精神上的御林卫士,在历史上,我们会本能地把他们的名字与塔拉尔(Tallard)、道恩(Daun)、博利厄(Beaulieu)和麦克马洪(MacMahon)[1]归为一类。汉尼拔向罗马人传授了与战争机制截然不同的战争艺术,而一旦他们从他的指导中得到了教益,他的成功就会受到限制。马克卢斯(Marcellus)和尼禄(Nero)能够偷师汉尼拔的诡计,如果说他们占不到便宜,那么汉尼拔也占不到。但是在审视西庇阿的履历时,我们不仅发现他的战术成功贯穿始终,而且他的对手从一开始就是巴卡家族的修行场训练出来的将军,所有的证据都表明,汉尼拔的弟弟哈斯德鲁巴和马戈绝非等闲之辈。而西庇阿职业生涯的顶点扎马战役,在历史上也是绝无仅有的,因为唯有在这场战役中,一位公认的名将以一己之力,决定性地击败了另一位公认的名将。

---

[1] 分别为西班牙王位继承战争中的法国元帅、奥地利王位继承战争和七年战争中的奥地利元帅、法国大革命战争中的奥地利军队指挥官和普法战争中的法军指挥官。——译者注

因此，如果我们以条件作为检验标准，不仅要看这些条件在多大程度上得到了满足，还要看它们在多大程度上被转化成了优势，那么西庇阿的卓越就很明显了。

如果以一个将军的用兵之道作为检验标准，那么普遍还是得承认，汉尼拔优于亚历山大和恺撒。亚历山大的胜利，确切地说是条理的胜利，直截了当的精确估计，但没有任何微妙的变化和诱敌的陷阱。亚历山大虽然伟大，但他身上仍有荷马式英雄的遗风，即以牺牲精神因素为代价来美化肉体因素。正是这种骑士精神导致他常常赌上性命冲在战斗的最前线，从而冒上自己计划崩盘、麾下将士丧命的不必要风险。提谟修斯（Timotheus）指责卡雷斯（Chares）[1]时，说："围攻萨摩斯岛（Samos）时，一支弩箭就落在我身边，当时我多么惭愧啊；我觉得自己的表现更像是急性子的青年，而不是统帅如此重兵的将军！"这句话完全可以用在亚历山大身上。这种错误的巴亚尔主义[2]，也可以解释他的战斗中为何缺乏比较狡猾的技巧——在阿尔贝拉，他拒绝了帕曼纽（Parmenio）提出的夜袭大流士（Darius）的建议，理由是他不会"窃取胜利"，这件事情就很有代表性。恺撒的策略肯定更让人难以捉摸，但他根本达不到汉尼拔那种"使人大惑不解、具有误导性、出其不意"的程度。汉尼拔在战斗艺术方面的天才得到了普遍认可，以至于他通常被称为历史上首屈一指的战术家。然而在谋略方面，西庇阿的履历比他还要丰富。试回想卡塔赫纳那条未设防的前线、直接攻击的时机和潟湖一侧的机动；巴埃库拉的两面包围和对不利地势的逆转。还有在伊利帕时，作战时间和部署的

---

[1] 二者均为公元前 4 世纪的雅典将军。——译者注
[2] 巴亚尔即法国贵族巴亚尔领主皮埃尔·泰拉伊（Pierre Terrail, seigneur de Bayard），通称巴亚尔骑士（Chevalier de Bayard），被同时代人和后世视为骑士精神的典范。——译者注

变动、回撤的中军、两面的斜向机动和对侧翼的集中打击。正如丹尼森上校（Colonel Denison）[1]在他的《骑兵史》（History of Cavalry）中所指出的，伊利帕战役"普遍被认为是罗马战争史上战术技巧发展的巅峰"。我觉得，战争研究者但凡把它作为一个整体来考虑——从诉诸心理的开局动作，到物质意义上的、为这场战役画上句号的追击——都不得不视其为一场空前绝后的战役。我们接着往下看，看他在对付安多巴勒斯时，首先利用地形来抵消敌人的数量，然后迫使敌人分头作战，还有大范围的迂回。我们看西庇阿在萨拉艾卡引诱敌人踏入埋伏；研究他火烧巴格拉达斯河营地的杰作——对乌提卡的佯攻，晚间吹响的军号，两次进攻的时机和区别，以及他不费吹灰之力便夺取了主要障碍、即迦太基营地大门的巧计。后面我们还将注意到，他在大平原别出心裁地将第二列和第三列用作包围敌人的机动预备队，以及敌人攻击他的舰队时，他以变色龙般的迅捷将自己的巧计移植到海战中，挫败了敌人的进攻。最后是在扎马，如果是比较明显的计策，即便高出一筹，他面前的这位对手也根本不会上套，在这里，我们领略了他卓尔不凡的心理和战术判断，因为他施展了更加谨慎、却莫名有效的招数——他阵形中的"通道"，为了对抗大象而齐齐吹响的号角；故意"叫停"青年兵；经过了深思熟虑的变阵，可以使他的阵线兜住汉尼拔的第三线，也就是主力阵线；为了给骑兵返回战场、在汉尼拔后方施加决定性打击争取时间而作出的停顿。

纵观历史，哪里还有这样的军事艺术珍品集萃？即使是汉尼拔，难道还能展现出如此的创意和层出不穷的奇策吗？此外，如果说汉尼拔的"集萃"在正面作战上比起西庇阿略显单薄，那么在另外两个要件上，他简直是一无所有。甚至连他忠实的传记作者们也都承认，

---

[1]　即乔治・泰勒・丹尼森三世（George Taylor Denison III），加拿大律师、军人、作家。——译者注

攻城术是他的弱项,这一点和腓特烈一样,而他也没有任何成就可以与西庇阿攻取卡塔赫纳的成就相提并论,后者从面对的诸多难点,经过精心策划的胆识和技巧,以及神乎其神的速度来看,从古至今举世无匹。

汉尼拔的履历中还有一处更严重的空缺,那就是他未能通过追击来完成和利用他的胜利。他没有在任何地方进行战略追击,在特雷比亚河和坎尼之后甚至都没有进行战术追击,几乎无法解释。相比之下,我们的西庇阿在伊利帕之后进行了迅速且毫不留情的追击,大平原之战后的追击也与之不相上下——这几次追击的范围和果断无人能出其右,如果非要说的话,也要等到拿破仑横空出世才行。在古代,西庇阿只有一个还算可以的对手,那就是亚历山大,然而在亚历山大这边,战术追击和战略追击之间屡屡出现中断,明显不利于战力节约。对于他在伊苏斯(Issus)之后转变方向,倒是可以提出一个战略上的论据,但对于他在格拉尼库斯河(Granicus)和阿尔贝拉之后的拖延,除了可能有距离因素外,似乎没有任何令人信服的理由——至少事实依旧如此,在他的战役中,没有哪次追击像西庇阿沿着巴埃提斯河、也就是瓜达尔基维尔河的追击一样持久、一样彻底。可能有人会说,西庇阿也并不总是像上述两场战役之后那样会去追击。但研究过他的其他战役之后,我们就会发现,追击往往要么欠考虑,要么没必要——巴埃库拉之后追击是很鲁莽的,因为有两支新的军队合兵向他,扎马之后则是没有必要,因为已经没有能构成危险的残敌了。

我们再从战术转到战略,在战略方面,预先划分界限、下定义,可能会让作出判断这项任务得以简化。人们总是认为战略只包含军事因素,使得与之交织的政治和经济因素黯然失色。这套谬论对交战国的组织结构造成了无法估量的损害。这类批评者谈到战略时,几乎只想着后勤战略——战争棋盘上的军队棋子在时间、空间和兵力上的组合。后勤战略和国际象棋之间确有明显的相似之处。但大战略所处的位面更高、范围也更广，它被定义为"为了维持政策而进行的各种形式的力量传送"。"战略更侧重武装人群的调动，大战略也包括这些调动，但它还包含这些调动背后的物质和精神两方面的动力……因此，我们所理解的大战略家，同时也是政治家和外交家。"[1]

作为一位后勤战略家，拿破仑在历史上可以说是无可匹敌——或许要去掉蒙古人速不台（Subutai），就我们把为数不多的历史记载拼凑起来、从中了解到的他的作战经历来看。古代人和拿破仑与现代的前辈们一样，都面临着同样的困难，那就是他们那个时代的军队组织使得拿破仑实现的种种组合根本不可能实现，这个困难一直持续到 18 世纪末，由德·布罗伊（De Broglie）[2]首创的师团制诞生。在这之前，我们也能看到分遣队，或者偶尔也有两军的组合，像尼禄对阵哈斯德鲁巴那次经典的向梅陶罗河进兵，但这种组合的范围和变化难免有限，直到军队开始以自足的独立战略部件——现代的师或军团——组织起来，而拿破仑这位天才正好赶上了，可以开发利用这些新的可能性。但是在拿破仑以前时代固有的限制内，我们可以很公平地说，西庇阿展开的一系列战略行动在古代世界是无与伦比的。对卡塔赫纳那次鹰一样的突袭，计划得如此周全，以至于迦太基人的三支军队都无法及时驰援他们的基地。还有在哈斯德鲁巴·吉斯戈或马戈能够与之会合之前，对哈斯德鲁巴·巴卡几乎同样大胆

---

[1] "Reformation of War," by J.F.C. Fuller.

[2] 即维克多·弗朗索瓦·德·布罗伊，第二代布罗伊公爵（Victor François de Broglie, 2nd duc de Broglie, 1718—1804），法国元帅。他将师团制从理念化为实践，在七年战争中取得了成功。——译者注

且计划缜密的打击——我们从波利比乌斯那里了解到时间有多么紧凑。对于这些战略行动是否有意为之，没有任何疑问，不像很多战略行动，是在通过现代人眼光看待古代战争艺术的军事评论家们作出的假设基础上，被归到了古代指挥官的账下。波利比乌斯和李维都告诉我们，这些都是西庇阿在脑子里算计好的。再者，西庇阿自己监视哈斯德鲁巴·吉斯戈，而西拉努斯率领的分遣队在汉诺和马戈还没有得到他接近的消息之前就调动了起来，并向他们发起了进攻。这次行军有多迅速，敌军的败北就有多彻底。

接下来是通往伊利帕的大师级调动，通过这种办法，他的前进方向切断了哈斯德鲁巴和马戈通往加的斯的交通线，这也意味着如果他们战败的话，撤退到他们那个坚固基地的路线会被巴埃提斯河（瓜达尔基维尔河）阻隔。最终结果既表明了他的算计是对的，也证明了这样一个事实——结果是迦太基军队被歼灭。这似乎是历史上第一个对战略侧翼实施打击的明确例证。拿破仑在他那句重要的箴言"战争的重要秘密是掌握交通"中加以明确的真理，就是在这里诞生的。人们有时会说它首创于伊苏斯之战，但亚历山大的策略充其量是在战场上，而不是在战略方法上，解释起来也很简单，大海阻止了向另一侧翼的调动，而皮纳鲁斯河（Pinarus）的弯道则是决定了调动的方向。

诚然，西庇阿在伊利帕的战略意图只是一种假设，李维和波利比乌斯也都没有明确交代；但这次推进的种种既成事实，以及后续更多的既成事实，组成了一个无比牢固的间接证据链。就连一贯贬低西庇阿的道奇也强调了这种对战略侧翼的威胁。

往下讲他的非洲战役之前，我们可以先注意一下西庇阿在洛克里对汉尼拔的先手和给他设下的陷阱。然后我们还会注意到，登陆非洲后，他首先关心的是要获得一个安全的作战基地，在转入进攻之前便已履行了安全原则。看他用乌提卡附近的"托里什韦德拉什"防线挫败敌人占据优势的兵力集中。注意他在大平原攻击哈斯德鲁巴和西法克斯时是多么迅速，他们新征募的兵员还没来得及组织和巩固，以及后续他又是如何监视的，这次的监视对象换成了迦太基，而他的分遣队则是在莱利乌斯和马西尼萨的率领下将西法克斯踢出了这场战争。最后是他向巴格拉达斯河谷的进兵，他的这一举动同时既能迫使汉尼拔跟进，又能加快他自己与马西尼萨从努米底亚带来的援军会合。他已经完全掌控了战略的棋盘，甚至能选择最有利于自己的战术工具发挥其特色的战场。然后，在扎马之战结局已定的时候，他趁迦太基市民还没有从士气打击中重新振作起来，直捣迦太基。

非要说的话，他的战略中有哪些错误可以被认为是失策呢？对军事评论的研究表明，他的批评者们只提出了三点——哈斯德鲁巴·巴卡和马戈相继逃出了西班牙，再就是西庇阿登陆非洲后没有立刻围攻迦太基。要如何回击也很明显，试问从个人因素的角度看重要性远在那两个人之上的大流士有多少次从亚历山大手中逃出，恺撒在法萨卢斯之后为何放走庞培，抑或汉尼拔在特拉西梅诺湖或坎尼之后为何没有向罗马进兵——还有更不充分的理由。但是，除了要抓住一个没有军队的个人极端困难这一点之外，希望前面的章节已经可以驳倒这些言之无物的批评了。甚至在巴埃库拉之后，西庇阿的兵力也依旧明显弱于西班牙境内的迦太基部队，往远了说，哈斯德鲁巴也只能带着一支弱小的分队躲过西庇阿的监视，越过比利牛斯山，以至于被迫在高卢招兵买马，过了两年才得以向意大利进军。马戈的逃脱更多的还是个人主义的努力。至于立刻向迦太基进军的问题，如果西庇阿当真用他最初带到非洲的那么一点点兵力去围攻迦太基这样一座巨大的设防城市，那他就不是将军，而是一介莽夫了。他首先寻找安全的作战基地才是明智的,最明确的证据就是敌人压倒性的兵力集中,多亏他很有先见之明地组建了"托里什韦德拉什"防线,方才得以避敌锋芒。

在亚历山大的履历中,甚至连他在现代的传记作者们都没有提出任何值得一提的后勤战略实例,除了某些迅速的行军,例如从培利亚(Pelium)向底比斯(Thebes)的那次行军。没有组合,也没有将住敌人的组合。他的长项是大战略,我们后面会讲到。

汉尼拔也是一样,他的后勤战略主要就是直接行军,以及在确保交通安全上值得称道的小心谨慎,除了他在波河一线上的调动非常有争议的目的以外,那一次实际上是把老西庇阿和他的执政官同僚森普罗尼乌斯(Sempronius)分开了;其次是他对罗马的佯攻,试图减轻盟友在卡普阿(Capua)受到的压力,尽管他的意图很明确,却失败了。在这些事情上他也有诸多闪失,首先,他翻越阿尔卑斯山的冒险行军的优势,因老西庇阿走里维埃拉(Riviera)路线从罗纳河更快返回而受挫;其次,他未能阻止森普罗尼乌斯与老西庇阿在特雷比亚河会合。后来,除了其他不容置辩的失败以外,他还有一次疏忽,就是没能利用坎尼之战的结果,甚至没有夺取卡流苏门,更不用说猛攻罗马了;他的进兵被费边和马克卢斯一次次避开;还有尼禄那个绝妙的诡计,汉尼拔对此一无所知,按兵不动,同时他的弟弟却在梅陶罗河被击溃。最后,我们看到他在扎马战前的预备行动中也输了西庇阿一步。汉尼拔虽然是一位极其伟大的战术家,却并不是一位令人印象深刻的战略家;事实上,他在这方面甚至还不如西庇阿之前的一些罗马将军。

相比之下,恺撒在后勤战略方面比在战术方面更加突出。尽管他在高卢的很多行动都堪称经典,但我们必须记住,这些行动针对的是蛮族,而不是西庇阿、汉尼拔、尼禄和马克卢斯需要对付的那种训练有素的将军。在西班牙对抗庞培的副将时，他凭借高超的本领脱离了也许本不该踏入的险境。然后是在希腊，他通过分兵，丢弃了兵力优势，在季拉基乌姆遭遇了一场近乎灾难性的惨败，正如他自己承认的那样，他说："如果敌人中有人要取得胜利的话，今天的胜利就是他们的。"如果我们忽略对手素质的话，他的撤退确实是一项卓越的壮举，但是后来他试图阻止庞培和西庇阿·纳西卡（Scipio Nasica）会合未果，不得不在没有分遣队的情况下与一支集中的部队在法萨卢斯交战。他的战术扭转了局势，但这并不影响我们反思他的战略。

如果我们称西庇阿为古代人中的后勤战略第一人，那么他比之拿破仑又如何呢？我们可以采用这样的历史论，即评价一个人必须根据其所处时代的条件和工具，因此我们不仅要指出西庇阿必须与之配合的这个不可分割的组织结构，还要指出他是这一领域的先驱者，而拿破仑却可以依赖各个时代积攒下来的经验。但是我们宁愿放弃这种合理、正常的检验方法，因为这必然会使真正的比较无效化，我们就是要大大方方地承认拿破仑在这一领域的至高地位。西庇阿作为战术家的优势足够扳回这一局了。按照几乎是公认的看法，拿破仑的战术水准要低于他的战略水准，正是这个补偿因素导致军事批评界将汉尼拔和拿破仑一并归入伟大名将之列——我们认为这个因素更适合用来证明西庇阿胜过拿破仑。

我们从后勤战略讲到大战略。这既属于战争范畴，也属于和平范畴，因此为了简单起见，我们最好还是讨论一下有助于赢得战争的大战略，把西庇阿的大战略中以后续的和平为目标的那部分留到我们研究他的政治家身份时再说。

如果我们对公元前 210 年至前 190 年的考察已经达到了历史目的，那么有一点应该很清楚了，那就是西庇阿表现出了对战争的三个领域——心理、精神和物质——以及它们之间相互作用的理解，而这种理解在当今最进步的政治军事思想中也才刚刚开始出现。此外，他还把这种理解转化成了实际行动，这种方式我们可能会在下一次大战中实现——更有可能的是，到公元2000年时，我们将会幸运地摆脱物质上的那套固定模式。

想要证据的话，就去看看他从罗马至暗时刻的谷底开始，稳健、坚定地向上攀登，到达他目标的顶峰，并把罗马的旗帜插在阳光照耀下的世间权力之巅，在这一过程中迈出的渐进、协调的步子吧。西庇阿并非只是一名单纯的战争运动员，而是一位登山家。选择方针路线时的远见，和使他能够跨越障碍的外交才能，在他身上就好比攀岩技术之于攀登者。他意识到了为每一次新的推进确保基地安全的重要性，这是他的冰雪知识，而对军事力量的运用则是他的冰镐。

只见他一到西班牙，就多方打听迦太基军队的位置，以及卡塔赫纳的重要性和地形。他的天才告诉他，这里就是迦太基势力在西班牙的基地和中枢，并向他展示了这样一种打击——对士气和经济的打击，而不是对纯粹的军事目标的打击——的可行性、方式和效果。

夺取卡塔赫纳之后，我们注意到了他安抚市民的明智举措，这样做确保了他夺得的城池不会被内奸出卖，此外还使他能够把市民转化为积极参与防卫事务的伙伴，以此节约驻军的军力。迅速释放和照顾西班牙人质，是何等重大的外交突破！如果说拿破仑的存在抵得上一个军团的话，那么西庇阿的外交手腕完全抵得上两个军团。它把敌人的盟友转变成了自己的盟友。

他明智地克制住了进一步的推进，以便将夺取卡塔赫纳及其后续行动对士气和政治的影响发挥出来，这也是大战略。因此，哈斯德鲁巴·巴卡见西班牙人纷纷归降西庇阿，不禁出兵进攻，这使得西庇阿能够在另外几支迦太基军队赶来之前打败他。胜利再一次为外交铺平了道路,正如外交反过来也会为更多的胜利铺平道路一样。他把西班牙俘虏送回了家,没有索要赎金,而且更精明的是,他让马西尼萨的外甥带着厚礼返回——确实,在历史上,投入在礼物上的金钱从未带来过比这更丰厚的最终红利。

接下来,我们注意到西庇阿迅速将汉诺刚有苗头的威胁扼杀在了萌芽状态,与之形成鲜明对比的是他的克制,避免将兵力浪费在一些小打小闹的、付出与收益不成比例的围城战上。西庇阿在西班牙的行动所产生的更广泛的影响也同样值得注意,李维告诉我们,这一年,在意大利的汉尼拔破天荒地陷入了无所作为的窘境,因为迦太基更急于保住西班牙,所以汉尼拔没有从本土得到任何补给。

从这时起,西庇阿的大战略就是要不断解除罗马受到的压力。他在西班牙的成功,迫使迦太基人将原本可能在意大利起到决定性作用的兵力投入到西班牙,而在伊利帕,他将这些军队从军力对照表上一笔抹平了。

西班牙胜局刚定,还没等转而进行单纯的清剿行动,他的大战略眼光就聚焦在了非洲。他勇敢地拜访了西法克斯,与马西尼萨会面并将其派往努米底亚——这是做了两手准备,很快就将一箭射中迦太基的心脏。在选择真正目标的示范课上,以及在面对所有艰难险阻时坚定不移地维护这一目标上,接下来的这几年是一盏永远的明灯。他谋划、筹备、向着目标不断努力。在他所面对的困难中,敌人的军事干涉几乎可以说是最微不足道的了。男女之情挫败了他最精明的一次外交行动,但他的计划实在太灵活、太周密了,甚至连这次打击也只能产生一时的影响。嫉妒的对手、目光短浅的政客、军队里的"顽固派",都在尽最大的或者说最糟糕的努力阻挠他的计划,在这件事上没能得逞,他们就给他制造障碍,削减他的兵力。他把投机者和被贬的部队打造并训练成了一支全新的军队。然而他从来不会作出欠考虑或者不明智的举动，始终不忘安全原则。他再次通过外交手腕，把西西里岛打造成了一个可靠的供应源。他派出一支负责侦察的远征军去理清非洲的局势，在了解到马西尼萨的重大缺陷时，他拒绝在自己的武器铸成之前匆匆投入行动。当他登陆后，最先的努力方向就是要获得一个安全的作战基地。他准确判断出迦太基和自身位置的优势与劣势，根据现有的手段尽善尽美地调整即时目标。后续的每一次行动都是为了扣除迦太基的军事和政治存款，将余额转移到自己的账户上。当这个最终目标在距离上如此接近时，尽管实际上并非如此接近，但他所表现出来的克制，在一个如此年轻、如此少年得志的指挥官身上，几乎可以说是奇迹了。但他早已意识到，西法克斯和马西尼萨是迦太基势力在非洲的两大支柱，在他尝试打掉迦太基势力之前，他的首要目标是破坏它的稳定，采取的办法就是带走一方，端掉另一方。就在他实现这一目标的时候，激情再度插手，对他的军事成就构成了威胁，正如之前妨碍他外交的那次一样，但他用大师级的心理攻势挫败了索芙妮丝芭的诡计，避免了危险。

现在安全有了保障，他便瞄准了迦太基本身，并很有代表性地在迦太基的视线范围内停了下来，如果可能的话，想要不战而屈人之兵，避免实际围城的消耗，从而实现终极的战力节约。这一招成功了，迦太基屈服了，而此时的汉尼拔还远在海外，无力援助。当对方言而无信、严重违反条约时，西庇阿也并非毫无防备。他通过一系列新奇、迅速的行动，对军事、经济和心理棋子进行了完美组合，在短时间内挫败了对手。在历史上，说到政策的连续性、物质与精神力量的结合，以及成就的完满，还有什么能与之相比吗？西庇阿就是大战略的化身，因为在历史上，他的战役是最能体现大战略意义的实例。

作为首位大战略家,亚历山大当然是在西庇阿之前,但我们姑且不去讨论他在精神和经济方面的行动在多大程度上是出于偶然,而不是像西庇阿那样,以神机妙算为特征,单单是他的任务本身就简单得多,而作为专制君主,他也没有西庇阿那样的内部障碍需要去克服。最重要的是,西庇阿所处的环境与现代的政治和组织条件极为相似,因此他的大战略对当今的我们来说是如此鲜活的研究对象。

要论规模的话,亚历山大的成就可能胜过西庇阿——不过实际上也并没有超出太多,因为如果说亚历山大为自己建立了一个从多瑙河到印度河、在他死后便分崩离析的帝国,那么西庇阿则是为罗马建立了一个从大西洋延伸至黑海和托罗斯山脉的帝国——一个经久不衰、不断壮大的帝国。亚历山大是在腓力打下的基础上建立的,而西庇阿却是在罗马势力位于意大利的基础被外敌动摇之时登场的。亚历山大的战略也有严重缺陷——当他在小亚细亚巩固进攻基地时,面临着失去欧洲大本营的严重危险。他遣散了他的舰队,从而把欧洲的海岸暴露给了占据优势的波斯舰队,而大流士手下一位能干的指挥官门农(Memnon)抓住了这个机会,在希腊煽动叛乱,在那里,不满的余烬在亚历山大的后方闷烧。只是门农之死让亚历山大逃过一劫,并为他实施通过对波斯海军基地的陆上攻击削弱波斯海上力量的计划赢得了时间。再者,由于战略侦察不到位,亚历山大不慎经过了埋伏在叙利亚北部的大流士军队,大流士军队南下切断了他的交通,多亏他在伊苏斯取得了战术上的胜利,方才免遭此劫。这与西庇阿每次行动前必有的彻底的战略侦察和情报搜集形成了鲜明对比。如果说亚历山大的大战略在数量上以微弱优势取胜,那么西庇阿的大战略显然在质量上更胜一筹。

将西庇阿与拿破仑进行比较时,如果我们承认后者在后勤战略上的优势,那么我们也必须把他在战术上和大战略上的劣势与之相抵。作为一位大战略家,拿破仑的资格不仅因为他未能实现大战略的目标——繁荣且安全的和平——而受损,还因为他在对手的心理上、在自身行动的政治和经济影响上,以及后来在军力和资源的挥霍上犯下了一些错误。

最后,我们还要指出,虽然亚历山大有腓力打下的军事基础可以依靠,汉尼拔有哈米尔卡,恺撒有马略,拿破仑有卡诺(Carnot)——然而西庇阿却只能在灾难的基础上重建。

我们将比较的内容从将才转到性格。在这方面,如果要——列举西庇阿为人所具有的卓越品质,未免太无趣了。他的稳健、他的自制、他的人道、他的风度、他对部下的强大影响力——这一点所有最伟大的名将都有——他精神的激越,这些都闪耀在他的言行举止中。关于他的私生活,我们除了推断外,所知甚少。他娶了在坎尼阵亡的执政官埃米利乌斯·保卢斯(Æmilius Paullus)之女埃米利娅(Æmilia)为妻,这段婚姻显然是在他从西班牙返回后、前往非洲之前结成的。

从流传下来的一两则轶事来看,这段婚姻似乎很幸福,西庇阿似乎比当时的一般男人更尊重妻子的意见。似乎可以肯定的是,她的爱好在加图眼里过于奢侈,她可能是遭到加图抱怨的罗马女性社会的领袖之一——她们在城里穿着“五颜六色的衣服,或者乘坐马车”,这样会破坏社会结构,引发不满。西庇阿对妻子的纵容,以及他对待妻子比对待奴隶更好的反传统做法,无疑是加图耿耿于怀的因素之一。关于萃取自西庇阿家庭生活的道德影响,最好的证据是间接的。他们的女儿科尔内利娅(Cornelia)嫁给了提比略·格拉古,显然是在他如此大度地维护了西庇阿的名誉之后,她也是格拉古兄弟的母亲。她对两兄弟的教育方式,以及她用来激励这些未来改革家的道义,书写了史册中最崇高的一页。

瑞士画家安吉莉卡·考夫曼（Angelika Kauffmann）的《格拉古兄弟之母科尔内利娅》（*Cornelia , Mother of the Gracchi*, 1785）。

在家庭领域之外，西庇阿对社会史的影响在于他对希腊文学与哲学的热爱和引介。"他是一个很有知识文化的人"，他的希腊语和拉丁语一样，能讲能写——据说他用希腊语写下了自己的回忆录。在他所有记录下来的言行中贯穿始终的人生哲学，显然要归功于他对希腊的研究。他似乎汲取了希腊和罗马的精华，并把它们混合在一起——褪去罗马共和国早期的粗糙与狭隘的同时，又不至于减弱其活力。他的影响如此显著，以至于我们可以颇为公允地称他为罗马文明的奠基者。"礼数的兴起，他们对礼节的爱好，以及对文学的热爱，都要归功于他。"关于他自己对文学的热爱，有一个感人至深的实例，铭刻在他对诗人恩尼乌斯（Ennius）的友谊和钦佩中，这份敬意如此深刻，以至于他留下指示，在他死后，诗人的胸像要和他自己的胸像一起放置在西庇阿家族的墓园里。然而，正是作为文明与人文科学传道者的影响，为他招来了守旧派罗马人的深仇大恨，因为他激起了他们的恐惧。加图和他的同类可能会原谅他在军事上的成功和自信，但什么也弥补不了他在引入希腊习俗、哲学和文学一事上的罪行，除了让他身败名裂。相比于他对心胸狭隘之人的鄙夷和对被征服敌人的宽厚，这件事对他的伤害更大，对他的影响力造成的破坏更大，也不是没有可能。他的敌人能够对他的品格提出的指控就只有这么多了，这一事实或许正是他至高无上的道德境界最有力的证据。因为敌人的恶意会紧紧盯住任何可能的缺点，因此，强加给一位伟人的指控就构成了一个衡量道德的标准，以这个标准来进行比较是最好的办法之一。

以此来检验的话，古代的伟大名将中，只有西庇阿一个人完全没有受到任何明确道德污点的指控。诚然，我们可以忽视汉尼拔的大多数罪状——不敬、贪婪、背信弃义以及超出时代习俗的残忍。但亚历山大不一样，无论我们对其他的罪名如何宽容，他终究还是会被判定为缺乏自制力、脾气暴躁、怀有成见、残酷无情、不讲道义，比如对待帕曼纽，野心勃勃的自我中心近乎自大狂，还有醉酒时的流氓习气。亚历山大与阿喀琉斯有着同样的缺点。

同样，恺撒的众多优秀品质也不能掩盖他的拈花惹草、政治腐败和阴谋诡计，以及激励他建功立业的、主要是出于一己之私的动机。可以将恺撒与西庇阿的职业生涯作一番很有意思的对比。试比较恺撒通过阴谋和威胁取得高卢行省，与西庇阿在逆境中响应国家的召唤、赴任西班牙。试比较恺撒为了征服罗马而组建和训练军队，与西庇阿为了从外敌手中拯救罗马而做同样的事情。试比较恺撒跨越卢比孔河与西庇阿跨越巴格拉达斯河——以及他们各自的目标。试比较恺撒因战胜罗马同胞而获得凯旋式的荣誉，与西庇阿因战胜西法克斯和汉尼拔而获此殊荣。最后，如果真的可以"观其友，知其人"，那么我们就来比较一下喀提林（Catiline）与莱利乌斯和恩尼乌斯吧。拿破仑曾有言，"沾满了公民鲜血的桂冠不再是桂冠"，这句话从他嘴里说出来倒也很奇怪。因为拿破仑的野心榨干了法兰西的鲜血，正如恺撒的野心让罗马血流成河一样。把桂冠从这两个人的额头上摘下来就足够了，还能使他们与西庇阿——这位为国家无私效力的、鲜血与战力的最高经济学家——的对比更加强烈。拿破仑为何要在他的军人典范名单中忽略西庇阿，还用得着猜吗！

以任何道德标准来检验，西庇阿在伟大名将中都是独一无二的，他灵魂的伟大与纯粹，我们可能会指望在哲学或宗教领袖身上找到，虽然并不一定找得到，但在世界上最优秀的实干家身上，几乎无处可寻。那位一个世纪前为西庇阿写下唯一一部英文传记的牧师，他的作品过于简短，不乏史实错误，也完全省略了对西庇阿军人身份的研究，这些都是它的短板，但当他说西庇阿"比最伟大的恶人更伟大，比被认为最优秀的善人更优秀"时，还是闪现出了难得一见的洞察力和创造金句的天才。

最后的最后，我们再来看看作为政治家的西庇阿——他的大战略中的这一部分明确存在于和平状态。1739 年编写了西庇阿生平故事的塞朗·德·拉·图尔神父（Abbé Seran de la Tour）把它献给了路易十五，并在献词中写道："一位国王只需以整个罗马历史上最伟大的人物西庇阿·阿非利加努斯为榜样。似乎是上帝专门塑造了这位英雄，用来向这个世界的统治者们示范秉公治理之道。"恐怕路易十五并没有学好这一课，他在议事桌上"张口，少言寡语，完全不思考"，他的一生充满了庸俗的恶习，却没有远大的志向。我们不禁怀疑这位神父是在含沙射影地讽刺。

当西庇阿登上历史舞台时，罗马的势力甚至还没有扩展到整个意大利和西西里岛,她所控制的狭小领土还受到汉尼拔的侵占,更有汉尼拔的存在本身的严重威胁。在西庇阿去世时,罗马已是整个地中海世界无可争议的女主人,放眼望去没有一个可能的对手。这段时期发生了整个罗马历史上范围最大的扩张,要么是直接归功于西庇阿的行动,要么是由他创造了可能性。如果从领土的角度讲,他是罗马帝国的奠基人,但是从政治的角度讲,他的目标并不是吸收地中海的其他民族,而是管辖他们。他沿用了罗马的旧政策,但作了扩充,他的目的并不是建立一个中央集权的专制帝国,而是建立一个有唯一首领的邦联,在这个邦联中,罗马应当在政治和商业上占据优势地位,她的意志应当高于一切。这与现代的情况极其相似,因此研究他的政策具有特殊的重要意义。恺撒的做法为罗马势力的衰亡铺平了道路。西庇阿的做法使一个由强盛国家组成的世界共同体成为可能,它承认罗马的霸权,但保留独立的内部机构,这些机构都是滋养和延续这个政治体的生命所必需的。但凡西庇阿的继任者们有一丁点儿他的智慧和远见,罗马帝国都可能采取与现代的大英帝国相类似的方针,围绕罗马势力的中心构建一圈半独立的、强健的缓冲国,这样的话,也许可以挡住蛮族入侵,改变历史进程,文明的进步或许也可以免于千年的昏睡和几乎同样漫长的恢复期。

仅仅是他的和平条件,就足以使西庇阿立于世界上的伟大征服者之巅——他完全没有报复心,他巧妙地将被征服者受到的苦难减至最低,却保障了军事安全,他严格避免吞并任何文明国家。这些和平条件并没有留下报复或侮辱的烂疮,因此为把敌人转变成真正的盟友、罗马势力的有力支柱铺平了道路。西庇阿在战争与和平中的大战略,集中体现在他名字的含义上——"权杖"。

他政策的品格一如他的人品,不屑于吞并领土那种华而不实的荣耀,正如他对王权不屑一顾,仁慈的领导才是真金。西庇阿为罗马的利益和伟大而努力，但他并不是狭隘的爱国者，而是一位真正的世界政治家。西庇阿与恺撒的区别可以提炼为一句话："扎马把世界交给了罗马，法萨卢斯把它交给了恺撒。"但即使是这句话，对西庇阿也不见得完全公平，因为他看得比罗马荣耀的伟大更长远，已经达到了她为人类所作贡献的伟大。他不是国际主义者，而是最广义、最褒义的超国家主义者。

　　阿提拉被称为"上帝之鞭"，而从汉尼拔到拿破仑，大多数伟大名将对目标的概念都只停留在把敌人打服的层面上，或者充其量是把他们祖国的敌人打服，只是程度不同而已。这种谬论就这样为一种同样目光短浅的反应铺平了道路，致使格林（Green）在他的《英格兰人民史》（*History of the English People*）中写道："历史学家们把历史变成了区区同胞相残史，这简直是一种耻辱。"紧接着，他又荒谬地宣称"战争在欧洲各国的真实历史中只占一小部分"。于是就出现了一个非常庞大的现代历史学派，他们很不合理地试图在著史时不提战争，更不用说研究了。忽视战争作为一种世界性力量的影响，就是让历史脱离科学，把它变成一个童话故事。西庇阿的大战略是指明历史研究正途的路标。西庇阿至少可以像其他任何一位伟大名将一样有效、出色地实施军事打击，但他看到的不仅仅是打击，还有打击的目的。他的天才让他明白，和平与战争是让这个世界运转的两个轮子，他提供了一个杆子，或者说是轮轴，把这两个轮子联系在一起并加以控制，确保它们步调一致向前进。西庇阿完全有资格万古流芳，因为他是罗马与世界之杖，而非罗马与世界之鞭。

参考书目

经过充分考虑并与他人商讨之后，我决定不在本书的实际页面上堆满脚注参考文献，而是在这个书目附录中列举出各种史料。现代的风气倾向于把史学专论处理成文学卡片索引，而不是一本用来阅读的书，而且在很多情况下，这种倾向过于放飞，以至于脚注淹没了正文。经验表明，即使是少得不能再少的脚注参考文献，也会让读者的视线疲于奔波，并暂时阻断读者脑海中的叙事流。出于这个原因，我在实际页面上省去了参考文献，除非可以把它们嵌入正文，如果有读者认为我的这个决定是错误的，我至少可以用大人物也会这样做来为自己辩护。

古代的史料——除了波利比乌斯之外，所有这些史料都需要以批判性的眼光谨慎对待：

Polybius，X.2—20，34—40；XI.20—33 ；XIV.1—10；XV.1—19；XVI.23；XXI.4—25；XXIII.14.

Livy，XXI.—XXII.，XXV.—XXXIX.

Appian，Punica，Hisp.，Hann.，Syr.

Aulus Gellius，IV.18.

Cornelius Nepos，XXXI.—XXXII.；Cato；Hannibal.

Plutarch，Cato；Æmilius Paullus；Tib. Gracchus.

Valerius Maximus，III.7.

译后记

　　这本 1926 年出版的西庇阿传记,是英国著名军事记者、军事理论家、战略家李德·哈特的处女作。李德·哈特在序言中开门见山,直言不讳地道出了写作这本书的原因:对当时的英语世界已有的传记不满意,想要为这位受到的关注与自身成就和地位完全不匹配的传主正名。

　　时过境迁,作为将近一个世纪后的中国读者和历史、军事爱好者,放眼望去,中文世界里竟也没有一本独立成书的西庇阿传记。作为西庇阿的"迷妹",这种窘境与彼时的李德·哈特也算有几分相似。只是才疏学浅的我能够得到翻译此书的机会已是三生有幸,断然不敢有任何非分之想。

　　李德·哈特是以军事分析见长的作家,这本初试啼声之作已然集中体现了他的军事战略思想以及有些时候甚至可以说是"剑走偏锋"的切入角度。然而这本传记的另一个侧重点——对人性幽微之处的洞察——却丝毫不逊色于军事层面的剖析,甚至给我留下了更深刻的印象。世人对在轰轰烈烈的败局中黯然退场的伟人的偏爱,被压迫者因压迫者的消失而对保护者心生的怨怼,算得上人之常情的嫉妒心理，对异己与未知之物的排斥……

而我们的传主西庇阿，这位在诸多场合仿佛真的可以"沟通神意"、洞悉未来、"多智而近妖"的谋略大师，也会率性而为、真情流露，做出诸如"撕账本"这种并不明智但很符合人性的事。

不得不承认，李德·哈特是透过滤镜写西庇阿的，投入了浓厚的个人感情，甚至连书名石破天惊的副标题"胜过拿破仑"都采用了肯定语气。然而传记作者的主观判断与个人情感的倾泻，在我心里恰恰是作为一种文学形式的传记最引人入胜的闪光点。李德·哈特最令我敬佩的一点在于，他坦然面对史料中对西庇阿的负面记载，没有自作主张地剪除了事，而是用犀利的眼光找准角度，试图用别出心裁的论证说服读者。

在阅读和翻译这本传记之前，仅仅通过西庇阿在罗马史中闪现的剪影、在汉尼拔传记中作为主要"反派"登场的戏份和其他历史题材衍生作品了解他，我几乎便能隐约感觉到他难以言喻的个人魅力。看似与罗马共和国传统古朴的美德格格不入，却深得罗马人民的爱戴，并且以一种超凡脱俗的方式深爱着他的祖国。

然而，故事的最后，他的祖国以"自愿放逐"回报了这位力挽狂澜的英雄。

"忘恩负义的祖国，你甚至连我的遗骨都得不到。"据说这是他的墓志铭，心灰意冷的同时又是何等的决绝！

罗马作家瓦莱里乌斯·马克西姆斯在《善言懿行录》中记载了这件事，并评论道："还有什么比他的放逐更冤枉，比他的不满更正当，比他的复仇更公道？他拒绝将自己的骨灰给予这个因为自己才免于化为灰烬的祖国。这是罗马城忘恩负义的心从西庇阿这里得到的唯一惩罚……"

从这个意义上看，他和最伟大的对手汉尼拔又何尝不是殊途同归？只是他辉煌的余烬燃烧得久了些，兔死狗烹的没落来得迟了些，罗马表面上不似迦太基对待汉尼拔那般残酷，然而按照书中所引用的李维的说法，"世界上最伟大的两个国家几乎是在同一时间被证明了对首席指挥官的忘恩负义；但这两个国家中更忘恩负义的还要数罗马……"

翻译到这里时，我觉得我的心"死"了一次。

翻译过程有多么战战兢兢如履薄冰，自是难以言表。爱到极致便催生出恐惧，让读者、编辑、我自己以及遥远却仿佛无时无刻不在监工的作者和传主失望的恐惧。我已然无法分辨，究竟是热爱还是恐惧，激励我为一个官名、拼写或经过多方比对仍有疑虑的战场调动而埋首于浩如烟海的资料，以至于做梦都在斟酌权衡。每每碰壁，总会感觉自己像是经历了坎尼之劫的罗马军团士兵，也许像大部分幸存者一样被贬黜到了西西里，却在暗无天日的放逐中等到了那位自信的、宛如一缕阳光的救赎者，或者和少部分幸存者一样逃到了卡流苏门，并决心和那位大家一致同意掌握最高指挥权的年轻军政官一起战斗下去。

至少，那美好的仗我已经打过了。

杨　楠

在一颗叫作西庇阿的恒星之下

图书在版编目(CIP)数据

大西庇阿：胜过拿破仑/(英)李德·哈特
(Liddell Hart)著;杨楠译.—上海:上海人民出版
社,2021
(历史·文化经典译丛)
书名原文:Scipio Africanus：Greater Than
Napoleon
ISBN 978-7-208-17210-4

Ⅰ.①大…　Ⅱ.①李…　②杨…　Ⅲ.①西庇阿-传记
Ⅳ.①K835.655.2

中国版本图书馆 CIP 数据核字(2021)第 129362 号

责任编辑　刘华鱼
封面设计　尚源光线

历史·文化经典译丛
大西庇阿：胜过拿破仑
[英]李德·哈特 著
杨　楠 译

出　　版	上海人民出版社	
	(200001　上海福建中路 193 号)	
发　　行	上海人民出版社发行中心	
印　　刷	江阴市机关印刷服务有限公司	
开　　本	720×1000　1/16	
印　　张	12	
插　　页	12	
字　　数	141,000	
版　　次	2021 年 7 月第 1 版	
印　　次	2021 年 7 月第 1 次印刷	

ISBN 978-7-208-17210-4/E·78
定　　价　58.00 元